胡安·卡洛斯（JC）·桑塔纳是这个时代最为杰出的私人教练！本书深入解析了运动训练的理论与应用。

何塞·安东尼奥（Jose Antonio）博士

ISSN首席执行官

胡安·卡洛斯（JC）·桑塔纳是美国体能训练师中的领军人物，本书是功能性与力量训练领域的突破性著作。现有的资料中没有比本书更优秀的作品。

李·E.布朗（Lee E. Brown）教授

EdD，CSCS★D，FNSCA，FACSM

加州州立大学体能中心总监

《速度、灵敏和反应训练（第3版）》主编

30年来，胡安·卡洛斯（JC）·桑塔纳令整个健身行业更上一层楼。参阅本书，能够了解最前沿的训练方法，这些方法也让JC成为世界公认的功能性训练权威。

杰夫·钱德勒（Jeff Chandler）

EdD，CSCS★D，NSCA-CPT★D，FNSCA，FACSM

杰克逊维尔州立大学教授

《体能训练》杂志主编

作为一名运动员，若要发掘自己潜能的极限，我最信任胡安·卡洛斯（JC）·桑塔纳！

迈克·弗林（Mike Flynn）

11年NFL职业球员，第三十五届超级碗冠军胡安·卡洛斯（JC）·桑塔纳是健身界的领军人物。JC对功能性训练的理论及实践有着独到的理解，能让普通人甚至优秀运动员都取得良好的运动表现。参阅本书，了解如何从训练中取得最好的效果。

斯图尔特·麦吉尔（Stuart McGill）博士
加拿大安大略省滑铁卢市滑铁卢大学教授

通过胡安·卡洛斯（JC）·桑塔纳的训练方法和指导，我能够参加最高水平的综合格斗比赛——UFC和PRIDE格斗锦标赛，并赢得了ADCC降服式摔跤世界冠军，达到了运动生涯的巅峰。书中的训练方案会给运动员赛前身体准备提供巨大的帮助。

杰夫·"雪人"·曼森（Jeff "Snowman" Monson）
前MMA格斗士
ADCC降服式摔跤世界冠军

胡安·卡洛斯（JC）·桑塔纳开发了创新观念和训练方案，其训练哲学根植于一个基本原则，那就是为客户带来积极的结果。过去，我曾拜访过JC，观察其与众不同的训练方法。参阅本书，将会有同样的收获。

齐普·莫顿（Chip Morton）
俄亥俄州辛辛那提，体能教练

如若想要找到激发潜能的钥匙，提高自己的运动表现，本书是最佳选择。

杰夫·尼克尔斯（Jeff Nichols），CSCS
运动生理学家
维吉尼亚超能运动表现公司
原美国海豹突击队队员

胡安·卡洛斯（JC）·桑塔纳是功能性训练真正的开拓者。其创造性的训练方案引领了当今功能性训练的潮流。

克里斯·波里尔（Chris Poirier）
Perform Better公司总经理

功能性训练

提升运动表现的动作练习和方案设计

【美】胡安·卡洛斯（JC）·桑塔纳（Juan Carlos Santana）著　王雄　袁守龙 译

人民邮电出版社

北京

图书在版编目（CIP）数据

功能性训练 ：提升运动表现的动作练习和方案设计 /
（美）胡安·卡洛斯·桑塔纳（Juan Carlos Santana）著；
王雄，袁守龙译. -- 北京 ：人民邮电出版社，2017.4
ISBN 978-7-115-44958-0

Ⅰ. ①功… Ⅱ. ①胡… ②王… ③袁… Ⅲ. ①运动训
练 Ⅳ. ①G808.1

中国版本图书馆CIP数据核字(2017)第031870号

免责声明

本书内容旨在为大众提供有用的信息。所有材料（包括文本、图形和图像）仅供参考，不能用于对特定疾病或症状的医疗诊断、建议或治疗。所有读者在针对任何一般性或特定的健康问题开始某项锻炼之前，均应向专业的医疗保健机构或医生进行咨询。作者和出版商都已尽可能确保本书技术上的准确性以及合理性，且并不特别推崇任何治疗方法、方案、建议或本书中的其他信息，并特别声明，不会承担由于使用本出版物中的材料而遭受的任何损伤所直接或间接产生的与个人或团体相关的一切责任、损失或风险。

内 容 提 要

功能性训练是运动训练的一个分类，包含力量训练、敏捷训练、平衡训练、核心训练等多个综合板块。通过这些训练可增强身体体能，有效预防运动损伤。本书从认识功能和功能性训练、功能性训练的动作练习和功能性训练的训练方案三方面介绍了功能性训练的最新研究成果和经过科学验证的训练过程。书中提供了完备的针对性训练方案，涉及 11 类运动专项、95 个练习，为运动员、教练员和健身爱好者带来革命性的体能训练方法，帮助其预防运动损伤、提升运动表现。

◆ 著　　　[美] 胡安·卡洛斯（JC）·桑塔纳（Juan Carlos Santana）

　　译　　　王　雄　袁守龙

　　责任编辑　寇佳音

　　责任印制　周昇亮

◆ 人民邮电出版社出版发行　　北京市丰台区成寿寺路 11 号

　　邮编　100164　　电子邮件　315@ptpress.com.cn

　　网址　http://www.ptpress.com.cn

　　北京捷迅佳彩印刷有限公司印刷

◆ 开本：700×1000　1/16

　　印张：17.75　　　　　　　　2017 年 4 月第 1 版

　　字数：376 千字　　　　　　 2025 年 7 月北京第 33 次印刷

　　著作权合同登记号　图字：01-2016-1232 号

定价：98.00 元

读者服务热线：(010)81055296　印装质量热线：(010)81055316
反盗版热线：(010)81055315

本书常见英文缩写简表

IHP：Institute of Human Performance　人体运动表现研究所（作者桑塔纳自己的运动训练中心）

BP：Bands and Pulleys　弹力带和拉力器

DB：Dumbbell　哑铃

MB：Medicine Ball　药球（实心球）

SB：Stability Ball　稳定球（瑞士球）

KB： Kettlebell　壶铃

SE：Suspension Equipment　悬吊设备（比如TRX以及其他悬吊类器材）

SBT：Suspended Bodyweight Training　悬挂体重训练

AB： Adjustable Bench　可调节训练椅

CLA： Contralateral–Arm　对侧手臂（通常相对于下肢的单侧支撑腿或特指动作腿而言）

Pin–loaded Machine　插片式健身器械

FT：Functional Training　功能性训练

TS：Traditional Strength　传统力量

RM: Repetition Maximum　最大重复次数

ROM：Range of Motion　动作范围

RDL：Romanian Deadlift　罗马尼亚硬拉

JC–Juan Carlos Santana　作者桑塔纳本人的昵称

JC meta–Juan Carlos Metabolic　桑塔纳自主设计的有氧代谢训练方案

3TIS–Three–Tier Integration System　三层整合体系

NSCA: National Strength & Conditioning Association　美国体能协会

CSCS： Certified Strength & Conditioning Specialist　（美国体能协会）体能训练专家认证

FAU: Florida Atlantic University　佛罗里达大西洋大学

NFL: National Football League　美国国家橄榄球联盟

NHL: National Hockey League　美国职业冰球联盟

MLB: Major League Baseball　美国职业棒球大联盟

在竞技体育全球化、市场化和职业化的发展背景下，理论变革和实践创新成为身体训练领域的主旋律。功能性训练作为当前最热门的训练理念和实践内容，萌发于职业体育最为发达的美国，是多元化集成发展下的时代产物和必然趋势。

功能性训练起源于上世纪末美国职业运动队一线的训练实践，核心目的从最初康复性的损伤预防逐渐过渡到运动表现的整体提升，在市场模式以及行业协会的推动下，逐渐建立起了基于人体运动功能的训练理念、方法和体系。在此过程中，美国运动训练学界涌现了一批大师级的功能性训练专家，比如FMS体系主创人Gray Cook，Gray Institute创始人Gary Gray，MBSC创始人Michael Boyle，GSTS创始人Vern Gambetta，NASM OPT模型创始人Michael Clark，EXOS创始人Mark Verstegen，以及本书作者——IHP创始人 Juan Carlos Santana（昵称JC）等。上述这些人物都有各自的理论专著和个性化训练体系，长年在一线从事运动员的体能训练指导或伤病康复治疗，兼具理论基础和实践经验，这也是成为一名体能训练专家所必须的专业背景。

JC桑塔纳无疑是当前世界顶级训练大师之一。随着近年国内运动健身产业的发展，他也几次来中国授课，开始为更多的国内教练所熟悉。我有幸和桑塔纳先生有一次工作交会，在2012年北京体能年会上，桑塔纳先生是主讲嘉宾，隐约记得他是第一次来中国，我临时被北京体科所闫琪所长邀请担任现场翻译。前一天晚上我非常紧张，一是这样一位完全没有接触过的国际训练界大腕，我能否将他的内容意思准确传达，二是JC讲课主题是综合格斗（MMA）的体能训练，对于综合格斗我知之甚少，所以一直加班恶补到凌晨三四点。第二天担任翻译时上半场算是勉强完成，中间出现几次卡壳，但JC非常和蔼亲切，看出了我的紧张，一直让我放松，并且放慢了语速，让我逐渐进入了状态。而那次下半场的翻译内容，他开始讲和本书相关的IHP混合训练体系。我清楚记得，仅在一遍现场翻译的过程，让我对于功能性训练一直存在的几个困惑突然有了瞬间通透的感觉。如何将传统体能训练和功能训练补充结合？如何针对运动专项选择动作？功能性训练计划的周期和负荷如何安排？一切突然变得简单直接，答案也清晰明了。JC信奉的实用至上的原则，让我仿佛看到了一个强大的武器库，有了一套整体的作战体系，可以立刻用来训练任何项目、任何级别的运动员。而这本书，就是集合他所有训练理念的完整专著。

全书逻辑清晰，分为三个部分：第一部分讲述对于功能性训练的理解，有清晰的发展史、概念定义和逻辑架构设计，特别是作者对于人体运动四大支柱和四大运动技能的精准分类，是JC训练体系的特色内容；第二部分是具体动作练习，一共选取了95个高效实用的功能性训练动作，并采用了自重和各种常见的功能性器材，详细尽致；第三部分则是综合前面的理论基础和动作练习，针对不同训练目的、训练周期和运动专项的详细方案设计，特别是其三层整合体系（3TIS），更是JC训练体系的精华部分。总而言之，这是一本真正具有完整身体功能训练体系的重量级著作，一本逻辑严谨和实用至上的训练宝典，JC是一位真正的训练大师。

几位美国训练界的同行都认为JC是一个非常具有个性的教练，甚至可以说是一位特立独行的大师。我想JC是古巴裔美国人，是不是骨子里有那种南美人的自由和豪放感。大家阅读本书的致谢和前言部分，便可以看出他对于JC训练体系的超级自信和对事业的执着追求。在本书中，他用简洁、通俗的描述介绍了他的体系，力争让每一个人都可以理解和掌握，并引用爱因斯坦的名言："你如果不能简单的解释，就说明你没有很好的理解。"

化繁为简是一种真正的功力，但方式的简单和体系的深入是两个不同维度。功能性进入国内也就七八年的时间，一开始便面临各种质疑和反对，很多人只看到事物的表象，认为只不过是使用一些新式器械和花里胡哨的动作，如"马戏表演"，没有真正的理论基础和体系支撑。即便到了今天，虽然功能性基本成为当前国内体能训练界的主流，但整体还处在良莠不齐、鱼目混珠的发展阶段，许多人还始终浮潜于表象，游离于混沌的似懂非懂之中，从未深入到训练体系的真正内核。到底如何构建个性化和专项化相结合的训练体系？如何给你的队员提供最佳的训练计划？这本书将给你完美解答，让你进阶为一个真正的专业体能教练。

最后，感谢袁守龙博士不辞辛劳，共同翻译、校对本书；感谢人民邮电出版社，拥有深耕中国体育图书内容市场的卓越远见和坚定决心；感谢北京体科所闫琪博士和IHP亚洲助理总监王云峰先生的大力推荐，感谢JC，给大家奉献这本蕴积四十年训练经验的经典著作。译者水平有限，纰漏之处，恳请读者朋友们不吝指正，拜谢！

目　录

第三部分　训练方案

大部分在大学中学习的、在认证时得到强化的知识都是一些理论知识，这些知识更适合于大学教授，而不适合私人教练、专项教练、在职的治疗师或运动员。学校的教学与我们现实生活中学习的方式截然不同。在生活中，我们先学习如何实践，然后如果需要的话，我们再学习细节。在学校里，我们先了解详细信息，然后朝着所学方向进行实习。然而在许多情况下，学校从来没有实践。我们在学校只学会了理论知识，一旦我们走出学校，来到赛场和训练馆里，我们才会学如何将理论知识运用到实践中。

我曾非常高兴和荣幸地与一些健身行业最聪明的人分享经验。我从这些行业先驱身上学到很多，但有一点是最突出的——如果你不能在赛场或训练馆里使用，那么这只是一个没有多大用处的训练体系。本书包含了我作为运动员和教练已经使用了超过40年的切实可行方法。尽管书中的一些理论和概念可能有点复杂，但是涉及这些复杂的内容时，我尽量远离复杂的语言和理论。爱因斯坦说过，"如果你不能简单地解释，就说明你没有很好地理解。"这本书我道出了如何找到我的训练方法的各种尝试。

俗语说，养大一个孩子，需要一个村庄。这话再真实不过了。我想感谢一些在我生活中出现过的对我很重要的人。因为时间和篇幅有限，还有更多值得感谢的人不能一一提到。然而，这并不意味着他们没有在我的生命中产生重要影响。

这本书献给我出生的家庭，一个来自古巴的普通家庭，1966年我们带着梦想来到美国：我的父母，塞勒里那（Celerina）和阿纳尔多·桑塔纳（Arnaldo Santana），以及我的妹妹，贝尔克斯·奥尔森·翰多斯（Belkis Olson-Handras）。他们给予我亲情、理解、包容和指导，我们一起寻找并实现了美国梦。与所有孩子一样，我的四个孩子，里奥（Rio）、凯拉（Caila）、但丁（Dante）和米娅（Mia），在我生命中的关键时刻到来，激励着我努力做到最好。我将我的生活奉献给他们，我希望这本书成为一个象征，提醒他们辛勤工作是会有回报的。孩子们需要从他们的父母那里得到大量的爱，我不会忘记安妮·阿庞特（Annie Aponte）在里奥的成长中所起到的重要作用，以及黛比·桑塔纳（DebbieSantana）对于凯拉、但丁和米娅的爱和关注。本书还献给我的大家庭（梦妮、埃里克、李和所有我的表兄弟、阿姨和叔叔），感谢你们一直都在，使所有的假期都成为难忘的家庭聚会。我爱你们。

我的教练和老师：安东尼·阿博特（Anthony Abbott）、茱莉亚·乔治（Julia George）、苏·格拉夫（Sue Graves）、安迪·西格尔（Andy Siegel）和迈克尔·怀特赫斯特（Michael Whitehurst），仅提到了一部分人，他们在我的成长中至关重要，我希望我也能对我的学生和运动员产生这样的影响。非常感谢我亲爱的朋友马克·巴格（Mark Bagg）、皮耶罗·卜莎妮（Pierro Busani）、史蒂夫·卡拉瓦勒（Steve Cannavale）、洛基·菲利普（Rocky DePhilipo）、盖伊·菲茨帕特里克

（Guy Fitzpatrick）、斯科特·古德帕斯特（Scott Goodpaster）、杰夫·哈伯斯特（Jeff Harpster）、马克·米德（Mark Meade）、奥利·奥尔特加（Roly Ortega）、巴里·帕维尔（Barry Pavel）、斯科特·史密斯（Scott Smith）、卡杜·突尼斯（Kado Tundisi）和戴夫·沃伊纳罗夫斯基（Dave Woynarowski）。这里仅提到了一部分人，他们在我最黑暗的日子里成为我的参照、灯塔和亮光。对于一些健身、力量、体能和医学界的权威，我也想表达我的敬意，安东尼·阿伯特（Anthony Abbott）、乔伊·安东尼奥（Joey Antonio）、都铎·博马（Tudor Bompa）、李·布朗（Lee Brown）、加里·格雷（Gary Gray）、道格·卡尔曼（Doug Kalman）、威廉·克雷默（William Kraemer）和斯图·麦吉尔（Stu McGil），这里仅提到了庞大群体中的一部分人，我很自豪地称这些人为我的朋友和同事。

因为这本书是关于功能性训练的，如果我没有给加里·格雷（Gary Gray）特别感谢，就是我的失职。他是我们现代功能性训练革命的杰出领袖。加里·格雷的教导帮助我塑造出我今天的专业，他的教诲和智慧贯穿本书的每一个页面。如果一本功能性训练的书不感谢克里斯·波里尔（Chris Poirier）及其Perform Better公司的高瞻远瞩，那就不是一本完整的书。用功能性训练教育健身界，这是克里斯的想法，在他的Perform Better理念的指导下，他推出了健身史上运行时间最长的功能性训练教育培训。我很荣幸地自1997年开始了解克里斯和Perform Better，直到今天仍然与其密切相关。

我最深切的感谢要献给我的Institute of Human Performance（IHP）这个大家庭，感谢大家的爱及对梦想孜孜不倦的追求。我想对他们说："我们做到了。我们创建了世界上最好的训练场地。我们比任何其他人创建的都要好，我们很了不起！"IHP大家庭包括了所有跨进大门的会员和工作人员，他们用自己的机智才能祝福和支持我们。在本书的写作中，我们的主要工作人员包括里奥（Rio）、莉莉（Lily）、皮耶里（Pieri）、格里（Grif）、亚当（Adam）、嘉宝（Gabe）、斯科特（Scott）、马克（Marc）、佩德罗（Pedro）、塔玛拉（Tamara）、詹娜（Jenna）、乔治娅（Georgia）和所有优秀的实习生，尤其是这些实习生将IHP当作了训练总部。非常感谢我们所有的IHP的模特：塔玛拉·埃斯特韦斯（Tamara Estevez）、佩德罗·佩纳埃雷拉（Pedro Penaherrera）、加布里埃尔·萨维德拉（Gabriel Saavedra）、马克·圣·布莱尤思（Marc Saint Preux）、里奥·桑塔纳（Rio Santana）、贾里德·斯坦（Jared Stan）和詹娜·沃西克（Jenna Worswick）。还要感谢IHP的国际代表，感谢他们对IHP的信心，并愿意把我们的消息带到全球各地。这些国际代表是：胡斯托（Justo）和玛丽莎·怡安（Marisa Aon）、康妮·比尤利（Connie Beaulieu）、费尔南多·耶格（Fernando Jaeger）、路易斯·诺亚（Luis Noya）、鲁本·拜因（Ruben Payan）、爱德华多（Eduardo）和金伯利·波韦达（Kimberly Poveda），以及乔尔·博思考维兹（Joel Proskowitz）。他们对于全球拓展IHP大家庭都很有帮助，我们一起打造了IHP的全球品牌。谢谢你们！

最后，我要感谢一个在我的生命中非常特殊的人，杰西卡·朱丽·洛扎诺（Jessica "Chuli" Lozano），她在我的个人发展和精神成长中都扮演了完美的角色。

在过去20年中，训练和健身的方法以令人惊讶的速度在发展。世界纪录不断诞生，运动损伤的康复时间实际上已经减少一半，40多岁的运动员现在可以和年轻运动员在职业体育领域竞争，那里曾被认为是年轻人的天下。就连业余运动员在比赛中都一度被认为具有专业运动员水平。是什么造就了这种快速发展？营养和技能训练为人们在竞技场上的显著进步发挥了巨大作用。然而，最大的变化还发生在训练上。如果我们来看饮食、补剂和技能训练，会发现它们基本都是一样的。然而在训练的时候，新的信息量来得如此之快，以至于科学研究和传统教育都跟不上它的步伐。在我们的历史上，我们从未有如此多的练习、设备和训练方法可供选择。

在过去25年中，最受欢迎的训练理念之一就是功能性训练。虽然单是一个定义尚未被普遍接受，功能性训练还是可以为指定活动开发功能性力量。直到现在，专业培训师和教练仍是唯一拥有解释功能性训练方法这一教育资源的人。健身会议和健身学术研讨会、健身DVD和图书是我们可以从有经验的从业者那里获取功能性训练知识的唯一途径。然而，在过去的15年里，功能性训练的理念已经演变成了一些非常不同的东西。如果随便拿起一本流行杂志，你会发现一系列的功能性训练和教程。在YouTube或Facebook上浏览1小时，可以找到数以百计的以功能性训练命名的练习。大众媒体和网上所有这些信息的唯一问题是，许多撰写这些文章、上传视频的所谓专家，在赛场和训练场上的功能性训练的经验都很浅薄。在一些情况下，他们唯一的资质就是在Facebook和Twitter上很活跃，以及在YouTube上有成千上万的点击。

功能性训练的现代演变是富有传奇色彩的。在我的一生中，我目睹了身体准备方法所经历的质变，过程堪比电影《洛奇》的续集。我们已经从单纯的功能性和专项运动的训练中走出来，转而采用更有价值的训练工具。在同一时间，我们的文化已经从喜欢看起来苗条的运动员转变为喜欢肌肉结实的高速超人。运动表现和文化这两个原本独立的领域仍在继续互动，并影响健身教材的编写，正如本书一样。

以前一切都是功能性的，所有训练也都是功能性的。如果你是一个不需要大量强度、但需要大量技能（如网球、高尔夫球、游泳）的运动员，你只需练习自己的运动，直到比所有人做得好。如果你所练习的运动需要很大的力量（如田径投掷运动员、橄榄球前锋、重量级拳击手），则仅需要在非赛季做一些力量训练，或者做很多斧头伐木的动作，即可准备参与竞赛。

20世纪60年代末和70年代初，我还很年轻，当时没有高科技的器械。我们崇拜的是贝比·鲁斯（Babe Ruth）和乔·刘易斯（Joe Lewis）这些出色的运动员。我们所接受的教育是：这些低科技、高天赋的竞技者是天生的运动员，而艰苦的技能训练只能培养出普通运动员。这些天才运动员的力量训练和体能训练被忽视，取而代之的是普通训练和以技能为主的训练。例如，贝比·鲁斯以不做很多训练而闻名，但他的成就铭刻在人们心中。乔·刘易斯不会做任何不寻常的竞技准备，但他的战斗精神被载入史册。

　　我长大成为一名年轻的武术家后，做的就是我们今天所说的功能性训练。在我所在的注重体能的个性化时代，杰克·拉兰（Jack LaLanne）和李小龙（Bruce Lee）都提倡功能性训练方法，主要是做健美体操和标准的有氧运动（在各种表面上跑步和跳绳）。杰克·拉兰以此来准备他著名的拉着一条装满人的船游泳的节目；李小龙以此来准备他著名的单臂打断1英寸（3厘米）木板的绝技以及二指禅俯卧撑。

　　随着时间和技术的转变，到80年代出现了很多更受欢迎的健身方法，功能性训练退居二线。在阿诺德·施瓦辛格（Arnold Schwarzenegger）时代，"举铁"训练为身体准备贡献了新方法。这段时间的训练主要包括传统的力量训练，功能性训练处于次要地位。尽管功能性训练体系从未退出舞台，但是已经很难找到。健美方法被用于为专项运动做准备，世界各地的健身房都用来囤积废铁。在这个时代，各项运动的运动员块头越来越大。1972年迈阿密海豚队的无名防御战术让位给匹兹堡钢人队的钢幕战术，洛奇·马西亚诺（Rocky Marciano）的健美法敌不过乔治·福尔曼（George Foreman）和埃万德·霍利菲尔德（Evander Holyfield）的身材，而杰西·欧文斯（Jesse Owens）也让位给本·约翰逊（Ben Johnson）。

　　获得更好的成绩需要更快的速度技能，而健美主导的训练带来更大的体格，这二者之间的矛盾在许多运动中都存在。伤病开始困扰体育竞技场，许多运动员觉得他们的成绩因健身产生了额外肌肉而下滑。一些注重技能的运动开始远离举重，这时迫切需要一种替代性训练方法。这种方法可以修复损伤并提高成绩，同时不会增大肌肉，于是功能性训练又回到了舞台中央。20世纪90年代和新千年的前几年，功能性训练开始盛行。举个例子，埃万德·霍利菲尔德通过与李·哈尼（Lee Haney）和哈特菲尔德博士（Hatfield）的训练，几乎增加了40磅（18千克）坚实的肌肉。块头增大的同时伴随着速度、灵活性、敏捷度也有所增加，这要归功于蒂姆·霍尔马克（Tim Hallmark）提供的功能性训练。

　　即使在功能性训练先驱的小圈子里，许多理论和实践都已经发生了变化。在20年前，我们认为有效的功能性训练方法，现在已经很少被使用。我们的想法过时了，无效的训练方法占据了舞台中央。我们在IHP亲眼目睹了训练设施的这种演变。在过去14年中，我们看到成堆的设备来了又走，我们看到各种玩具和设施来了又走，我们看到万能训练方法来了又走。如果要我总结过去的15年，我只想说："让我们回到基础上去！"

　　今天，很难找到声称不使用功能性训练方法的运动员或体能教练。虽然功能性训练一词已经被治疗和健身领域的先锋人物使用了数十年，但20世纪90年代却是第一次被媒体广泛宣传并自此开始普及。我还记得《时尚男士》杂志第一次就功能性训练采访我。他们要求我展示功能性训练，我向他们展示了几个月前加里·格雷教我的单腿手臂前伸。该专题于1998年发表，从那时起，各家主要杂志都联系我，让我向他们提供功能性训练的练习和方案。很高兴看到功能性训练步入商业化时代！

　　功能性训练的商业化已经愈演愈烈。由于互联网和电视购物，原本是一项基于合法实践的变革变成了耸人听闻和夺人眼球的闹剧。Facebook、YouTube和Twitter造就了一大批互联网专家、电子书作者和iMovie视频制作者。你可以去YouTube上看几个小时的所谓功能性训练，但什么也学不到，那些练习除了可以作为娱乐性的马戏团表演，大多数是无效的，甚至是危险的。即使是全国性的会议，对于那些经过广泛审查的所有演讲者，现在都只看谁拥有庞大的Facebook粉丝，但其实他们缺乏经验和正规教育。进入混乱的年代后，每个人看起来都是专家，所有一切都是功能性的，而没有人知道神话最初的起始点。

本书尝试提供一些看似微不足道的澄清。在必要时我们会提供科学依据，但最重要的是，我们提供了合乎逻辑的功能和功能性训练方法。我们不要求读者完全相信我们的提议，我们只希望读者知其所以然，因为只有这样才有意义！

本书带给读者最新的关于功能性训练的定义、所在领域的突破、特定的运动方法和专项运动训练计划。其概念和训练方法是安全的、有效的和科学的。虽然概念有些复杂，但我们会以简单明了的方式呈现，任何培训师、教练、治疗师、运动员或家长都能理解。本书的内容很简单，高中运动员及其父母都可以理解，本书的内容也很深入和有效，足以让私人培训师和体能教练产生兴趣。

本书的组织遵循逻辑架构，提供针对功能性训练这一热门话题基本和全面的介绍。本书分为三部分。第一部分介绍了力量训练的历史背景以及功能和功能性训练的关键元素定义。第1章从简单介绍健身行业和功能性训练的历史开始，明确给出了功能和功能性训练的操作定义，让读者能在同一起跑线上。然后深入探讨功能性训练为何如此有效的逻辑和科学原因，并提供一些最佳实践应用。本章最后还考察了商业健身房、家庭工作室、公园和旅途中的一些流行健身设施并进行了总结。

第2章涵盖了大多数体育运动的基本运动技能，解释了人体结构如何适应这些技能。然后转而讨论训练八边形模式，以及如何将运动功能性训练体系加入训练模式中。接下来讨论运动的实施环境及环境的物理因素如何影响运动和功能性训练。本章最后还解释了人体如何使用来自物理世界和自身运动的神经输入来建立高效、协调的运动序列。

第3章介绍了运动表现连续性，这是一项简单的策略，可指导读者通过初级功能性训练的过程，并基于成功的、受控制的动作而不断进步。本章还概述了一些简单技术来处理功能性训练的强度，使其能够与运动员的能力相匹配。

第二部分介绍了功能性训练方式和每种方式所对应的最有效的功能性练习。第4章包括使用身体的重量、弹力带和绳索、哑铃和壶铃的练习。第5章增加了使用药球、稳定球和新的训练工具的练习，也包括传统的力量练习。本章最后还概述了每种方式的优点，并给出了最受欢迎练习的说明。

第三部分论述了练习选择、方案设计和训练周期制定的基础，为常见的运动专项提供了示例方案。第6章论述了涉及功能性训练和力量开发的方案设计和训练周期的基本元素。针对所有四个主要训练周期的功能性训练方案都采用模板形式呈现出来，以方便进行交替练习。第7章介绍了将功能性训练与传统力量训练方案无缝结合的策略，并给出了混合力量训练方案的示例。

第8章拓展了第7章介绍的方案原理，概述了IHP混合训练体系、三层整合体系（3TIS）如何运作。你将学习3TIS如何将功能性训练与传统训练模式结合起来，提供立即可用的最强大训练方案。本章还讲解了功能性热身、健身和整理运动，指导你设计每周和每月的训练方案。同时也包含了一些示例训练，便于你拿来即用。

第9章针对当今主要运动类别提供了11项训练方案。这些运动类别的划分基于生物力学和能量系统中对运动的分类。为了便于引用和保持一致性，这些方案中的练习方法来自于前面第二部分中提供的练习内容。

第一部分

功能和功能性训练

第 1 章

功能性训练的定义

自20年前起功能性训练开始火爆一时，现在仍用这一词汇描述除健美以外的任何训练。本章介绍了功能性训练的基本定义和应用概念，以便为学习这一训练方法打下基础。本章收录的应用方法可帮助我们理解功能性训练的含义，以及如何使用它提高成绩。

什么是功能性力量

如同体能领域中的其他话题一样，针对力量训练的讨论非常激烈。受到热烈讨论的一个原因是存在几种不同类型的力量以及几种不同的衡量方法。下面让我们仔细分析每一种力量的类型。

绝对力量是人们所说的最常见的一种力量。绝对力量就是一名运动员能举起的最大重量。有时，绝对力量就是我们最想要的。例如，要想赢得比赛，举重运动员需要在每一举中使出最大的绝对力量。

相对力量是用运动员的绝对力量除以其体重得出的比值。在赛场上，它也是一种常见的力量形式。pound per pound（磅每磅）一词即来源于相对力量。如果运动员参加有重量级别要求的比赛，那么具备相对力量是至关重要的。每个级别里最强壮的人都拥有对手求之不得的力量优势。

功能性力量是指运动员在赛场上可用的力量总和。除举重相关之外的运动，这是比赛最重要的力量。训练、监测和交流讨论功能性力量都是一项挑战。在运动领域，功能性训练十分流行，其重点在于增强功能性力量。但是，人们经常把功能性训练与专项运动训练相混淆。

专项运动训练包括很多适用于训练后期、需要增强专项力量而进行的训练。人们通过施加轻度阻力来演练运动技巧。常见的专项运动训练包括拿着弹力带跑步、推阻力橇、挥动加重的球拍等。与之相反，功能性训练专注于将功能性力量应用到运动技巧中（如多个肌群的互相协调），而不是运动技巧本身。例如，在稳定球（SB，即瑞士球）上做单腿臀桥动作可以加强髋部伸展，从而提高奔跑速度，而不是像拿弹力带跑步时一样，需要真的去跑步。与之类似，做弹力带或阻力带推举，可以提高拦网动作的相关肌群的力量，而不需要真的击打网球训练器。最后，做短弹力带转体动作以及高低绳索削砍动作，可以发展髋部的力量和核心肌群的力量，这对于提高挥拍速度十分必要，只不过运动员并不需要做出完整的击球动作。从本质上讲，功能性力量能令运动员将力量运用到运动技能中。这是提高运动成绩、而不需要实际做某个特定运动或演练的最好、最先进的方法。

现在，几乎所有的力量和体能教练都声称能提供功能性训练。然而，寻找深谙此方法的合格专业教练并不容易。

功能性力量唯一的缺点是，它的训练是以运动质量来衡量的，而不是以负重或数字来衡量的。而举重（如仰卧推举）可以通过具体的负重进行训练，并且可以通过数字评估强度。一个单腿对侧手臂（CLA）前伸，可使用特定运动质量和轻负重训练来开发和评估单腿稳定性。设计功能性训练计划以及交流功能性力量的开发时，功能性力量的主观性对于设计者来说是一项巨大的挑战。

为什么需要功能性训练

功能性训练已成为一个热门话题和流行的训练方法。尽管缺乏具体的研究和明确的定义，对此方法也还有很多争论，但功能性训练仍无处不在。目前有数十本关于这一主题的书已出版。人们参加健身研讨会或体育训练营都不难发现功能性训练所带来的变革。那么，是什么让这种训练方法如此有效和受欢迎？答案很简单，我们将在这一节中进行讨论。

空间更小，器材更少，时间更短

几乎所有的传统健身房都占地数千平方英尺（1平方英尺约合0.09平方米，余同），里面放置了数百种器材，成本高达几十万美元。与之形成鲜明对比的是，许多普通场所都可以改造成功能性训练场馆，且只需配备一些基本器材。功能性训练的关键是运动本身，而不是器材。因此，一副哑铃，一些药球，几组跨栏，一些弹力带和一些平衡球，可以让任何人把普通房间、停车场或运动场都改造成功能性训练场。低成本的器材是功能性训练的另一大优势。只需几百块钱和一个行李袋，教练就可以随时随地训练单个运动员或整个团队。

如今，时间和金钱一样珍贵。每个人的日程都排得满满的。因此，能够在任何地方、任何时间训练的运动员和教练比做不到这一点的人要更有效率。功能性训练可以有效地保持运动员或团队的最佳状态，尤其是在比赛赛季或在途中。例如，15到40分钟的时间，可以花在往返训练场的路上，也可以用来就地训练。无论个人还是团队，都可以在白天或晚上的任何时间，花上15~20分钟在停车场、宿舍走廊、健身房或酒店的房间里进行训练。具体方案请参阅本书第7章、第8章和第9章。

健身而不增重

神经肌肉适应性的一大特点是，人们可以变得更强壮，同时又不变得块头更大或更重。运动员参加有重量级别的运动项目，体重的增加可能会变成一个巨大的劣势。肌肉和肌肉系统之间的协调也可以让身体通过多个肌肉系统分散负载。这种分布能够降低单个肌肉承担的应力，减少使用特定肌肉的情况，使单块肌肉不至于变得过大。通过功能性训练减少了单块肌肉的劳损，增加了全身肌肉的协调性。这就是运动的精髓。

运动表现优势

考虑到功能性训练的好处以及其特殊的驱动理念，并不需要丰富的想象力弄清楚它的运动表现优势。功能性训练可重点关注和改进运动技能。单腿臀桥运动能够锻炼髋部肌肉和臀大肌，伸展髋部，稳定身体，提高场上跑步速度和推进速度，同时能够提高在场上的单腿跳跃能力，从而提高双腿垂直起跳高度以及提高起跳能力。推和拉的运动训练能够提高拳击、举重、游泳和投掷能力。转体运动能够提高身体摆动、转向能力，并且帮助身体增加旋转爆发力。

关于功能性训练的迷思

功能性训练的一些争议和混淆源于对功能性训练的不实陈述。要区分一项训练是有效训练还是最佳训练，我们需要保持术语的一致性。结束一天的训练时，我们可以通过特异性原则来弄清楚什么是功能性训练以及什么不是功能性训练。下面，我们来厘清几个在功能性训练进化过程中曾被歪曲的概念。

有效与最佳

为了简化功能性训练的概念，首先要注意的是有效训练和最佳（功能性）训练之间的差异。某项训练可以是有效的，但却不具有最优转换性（即不具备功能性）。例如，一个新手篮球运动员可以练习膝伸展运动和曲腿弯举运动，以提高跑跳能力。这两项传统的锻炼都可有效提高运动员的跑跳能力，但在更多的全面、渐进的训练模式中（如用于渐进开发全身、特殊和专项力量的三阶段开发训练模式），这两项锻炼都不会比单腿练习更有效。例如，如果一个跑步运动员打算采用渐进的三阶段模式进行训练，整体力量通常通过传统的力量练习进行，如深蹲、腿部推举、高翻；特殊力量经常通过更接近于目标运动的功能性训练进行，如单腿前触、单腿深蹲以及稳定球单腿臀桥进行；专项力量可以通过阻力跑、上坡跑以及其他形式的阻力跑练习进行。尽管这是三阶段训练的简化模式，但是仍能帮助我们明白训练如何随着时间的推移而变得更有针对性或者说更有功能性。功能性训练是由特殊的概念驱动的。对于单腿的跑步和跳跃，单腿练习比双腿练习更加具有针对性，比如篮球运动员的急速变向和单腿上篮得分动作。

不是所有的本体感受都是相同的

功能性训练主流人士经常提及本体感受一词，或者说身体如何读取来自不同身体部位及周边环境的信息。该信息（即本体反馈）是神经系统用来弄清身体发生了什么而使用的语言，并做出反应行动。与健美练习相比，功能性训练被认为能够产生更多的本体反馈（即有用的信息）。例如，曲腿弯举练习使用坐姿和固定的运动模式，完成练习不需要大量的信息。换句话说，在功能性训练中弓步摸脚与曲腿弯举练习虽然十分相似，但是弓步摸脚更需要髋部后面的大肌肉系统之间的协调，比起跑步运动，用更加协调的方式使用相关肌肉群（即练习在控制膝关节屈曲的同时拉伸腘绳肌群伸展髋部）。这种复杂的协调需要肌肉系统和中枢神经系统之间的多个本体反馈。因此，曲腿弯举练习机制比弓步摸脚的本体反馈要求低。因为相对于弓步摸脚，曲腿弯举练习机制只要求运动本身的稳定性，本体反馈的要求更少，而弓步摸脚要求外部机制的稳定性。巧合的是，这就是不稳定训练或稳定性训练的概念的来源。弓步摸脚发生在不稳定的环境中，要求开发身体的稳定性以便在外部环境中正确地实现稳定性。

正因为需要处理的神经信息（本体感受）的量很大，所以并不意味着所有信息都是有意义的。功能性训练的神经语言必须特定于目标运动技能。如果此运动技能要求通过稳固的身体部位将力量从地面转移到运动器材上（如球拍），则本体语言必须作为功能性训练的一部分，以便提高成绩。

平衡性与稳定性

平衡性训练不应与稳定性训练相混淆。不稳定的训练环境是功能性训练最热门的话题之一。出于此原因，相比其他话题，这个话题我们会讲得更全面一些。我们先从一些定义开始，然后再展开讨论。

作为名词，平衡性是指重量在垂直竖轴上每一侧均匀分布而产生的稳定性。作为动词，平衡性意味着带来一种平衡的状态（对立力量之间的平衡状态）。

稳定性是指稳固的质量、状态或程度，类似如下：

1.站立或承受的力量，坚固性；

2.平衡状态或稳定运动时的身体特性，恢复原有条件的力量和时刻；

3.趋于引发动作或改变动作的对抗力量与对比、对抗或相互作用因素之间的平衡；

4.平衡的条件受到干扰时，致力于恢复原有条件的力。

实际上，平衡性是操纵相反力量的行为，用于在运动基础上创造一个稳定状态。稳定性对不必要的运动进行控制，使之恢复或保持在某一个位置上。平衡性通常需要用较少的力量来维持平衡，而稳定性通常需要用较大的力量来保持稳固。稳定性和平衡性的最好例子就是金字塔（参见图1.1）。

正如你所看到的，稳定的金字塔能够承受其内部系统产生的任何力量，它既是牢固的又是平衡的。除非某种力量穿过其垂直轴线，否则平衡的金字塔几乎可以承受任何力量。如果把人体当作一个有机的金字塔，在响应渐进的多向负重时会更加稳定，那么你必须训练将外力作用于整个人体而不是作用于某个点上。对于一个倒金字塔，根本无法负重，因为它不能创建平衡性。

在一个不平衡的稳定位置上（如单腿平衡），运动员什么也做不了，只能站在那保持平衡，然后被一个快速移动的物体推倒。在一个狭小的支撑基础上，面对坚硬的物理接触，运动员无法使出较大的力量或保持他们的位置；他们面对环境的物理力施显得无能为力（如另一个运动员发出的碰撞）。这一点尤其适用于在静态条件下，运动员无法使用动力和惯性来帮助维持动态控制。

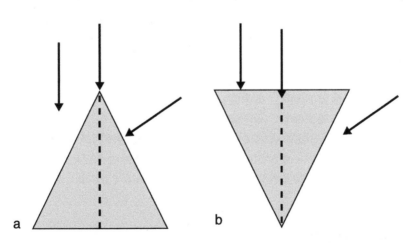

图1.1 稳定性与平衡性：(a)此金字塔形是稳定和平衡的。在施加较大力量时，其位置不会改变。这就是运动员需要的素质。(b)此金字塔形是平衡的，但不稳定。轻微的力量就可以将其推翻。这不是运动员需要的素质。

功能性训练必须重点关注建立稳定性（即超级稳固），以便保持正确的运动位置，通过运动链传递力量。这意味着功能性训练必须训练运动员尽可能保持重心处于稳定状态，然后在必要时再移动重心。

功能性训练热门器材

在过去20年中，市场上各种功能性训练器材迅猛发展，搞清楚自己需要买什么以及如何使用这些器材已经是一个很大的难题。虽然使用各种器材可以增加训练的多样性和趣味性，但大部分基础训练都可以通过简单器材来完成。如果具备正确的知识，就没有必要购买太多花哨的器材，毕竟最好的功能性训练器材是人体本身。本节介绍的基本器材可以帮助运动员利用功能性训练的原理在比赛淡季保持体形，或者在现有的抗阻训练中增加功能性训练的成分。

哑铃

我们可以将哑铃（在本书练习中缩写为DB）添加到几乎所有可以想到的功能性训练中（参见图1.2）。因此这里先介绍哑铃。哑铃可以自由移动，因此要求肢体的稳定性，可以解决上半身的力量失衡问题。在功能性训练中，速度和负重范围可以从慢而重到快而轻，可以涵盖强度和力量的各个发展阶段。

哑铃有各种型号，有固定重量的哑铃，也有可调重量的哑铃。如果空间很大，训练时需要灵活性，而不是

图1.2 哑铃。

一次一个人，则一组固定重量的哑铃是最好的选择。功能性训练练习大部分时候不需要大型的哑铃，所以一组5~50磅（2~23千克）的哑铃对于任何人都很合适。如果选择等重型号，可以预装载想要的重量，一套35~45磅（16~20千克）的哑铃就很合适。

弹力带和拉力器

接下来介绍功能性训练的必备器材，一组质量很好的弹力带或拉力器（BP）（参见图1.3）。弹力带和拉力器非常重要，因为它们是在水平或对角线方向提供阻

力的唯一方式。由于其非垂直
负重功能，弹力带和拉力器非
常适合为站立训练提供阻力，
如旋转下劈、仰卧推举和划船
练习、硬拉和爆发力练习，这
一点其他器材无法满足要求。
单臂练习变体还可以解决左侧
和右侧身体之间的力量不平衡
问题。

图1.3 弹力带和绳索拉力器。

弹力带比拉力器用途更
广，因为其便于携带，可以连
接到各种结构上，价格便宜，
而且损耗慢，运动轻重都适合，富有爆发力。线缆配重片是固定的，不仅占据大量空
间，而且价格昂贵，最好用于缓慢且较大力量的训练，因为进行轻且富有爆发力的训
练时，容易导致配重片飞起，并最终损坏设备。弹力带采用的材料是天然乳胶，应通
过浸渍法而不是挤压法制作而成。弹力带不应是连接在一起的；应该在两端都有手柄
和独立连接点，以避免弹力带中间部位的磨损。

药球（实心球）

药球（MB）（参见图1.4）有多
种型号，包括带手柄的球，可像哑
铃一样被举起来，也包括带绳索的
球，可以做摆动练习。为了简单起
见，我们只介绍基本的药球，可能
带有也可能不带弹性。药球是许多
训练的上佳选择，但最佳应用是投
掷练习爆发力。

向地板或水泥墙上投掷药球
时，有弹跳力的橡胶球是最好的。
橡胶药球很耐用，可以承受投掷时
的撞击力量。如果出于安全原因，
不希望药球反弹，可以在墙壁或地
板上加一个软垫，同时，合成革药

图1.4 药球。

球也是一个很好的选择。用于投掷或轻量运动负载的药球，重量一般都在2~4千克的
范围内，较重的球更适合于力量练习或更慢的运动。

稳定球（瑞士球）

稳定球（SB）（参见图1.5）已经面市很长时间。新型稳定球更结实、更防爆，安全性更高。稳定球在功能性训练中非常重要。例如，稳定球可以支撑身体保持某个特殊的姿势，而没有球的支撑是无法做到的。稳定球可以提供不同程度的不稳定性，可以提升身体不同关节更高程度的稳定能力。

在过去的练习中，稳定球可以起到类似于健身椅的作用，可以用来做仰卧

图1.5 稳定球。

推举及类似练习。但是，现在这种应用已经很少见了。之前的主导方式是利用稳定的健身椅来做负重仰卧推举。稳定球现用于做轻量级的不稳定运动，例如俯卧撑，并为仰卧起坐和墙侧滑动动作提供支撑定位。最常见的稳定球尺寸为直径55厘米和65厘米。

壶铃

壶铃（KB）（参见图1.6）在功能性训练界已经非常流行。它可以当作哑铃使用，也可以创造出更多的应用，如上下摆臂。壶铃的超厚手柄和独特的质量中心，对抓握提出了挑战，运动员非常喜欢用壶铃改善手腕的稳定性和握力。壶铃文化具有不同的风格和影响力，创造了许多通常在哑铃世界中看不到的训练。

图1.6 壶铃。

壶铃的应用范围很广，从力量练习（如壶铃过头举），到涉及长时间（2~5分钟）摆动的代谢方案。这种广泛在力量和体能训练方面的应用，使得壶铃在功能性训练器材库中成为很有价值的装备。常见的壶铃重量范围为8~16千克。

悬吊设备

在过去10年中，悬吊设备（参见图1.7）在功能性训练中颇受欢迎。在悬吊设备

兴起之前，我们需要使用不同的器材进行不同的训练。而这些训练使用新型悬吊设备很容易进行。例如在过去，我们用短绳（4厘米厚，3米长）进行斜拉练习，同时用稳定球进行伸展训练，如前滚动作。

当今的悬吊设备有脚蹬和带子，用来固定脚和让人们轻松调整肩带长度。上面的铁锁可以很容易地固定在横梁或其他结构上，以及手册和教材上建议使用的其他地方。有些悬吊设备，例如悬挂体重训练（SBT）系统，甚至创造了自己的认证和培训体系，以供人们学习如何使用这个系统。

可调节健身椅

按照一般的衡量标准，一台可调节健身椅（参见 图1.8）并不能算作功能性训练器材。然而，我们将
其归类在这里是因为功能性训练并不存在于真空之中，最好是与其他训练方法相互配合使用，包括增肌和力量训练。增肌和力量训练都是有益的，这种类型的负重训练不应使用稳定球，也不应使用不针对负重力量练习的其他设备。此外，可以使用健身椅做所有常见的功能性
训练拓展。

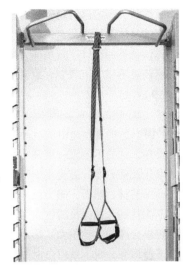

图1.7　悬吊设备。

健身椅最好是重型的，有一个可调节的座椅和靠背。所有推举的动作，比如肩举或仰卧推举，都可以在健身椅上完成。在健身椅上还可以做的动作包括俯身划船、负重提髋以及各种形式的仰卧起坐。不管如何使用健身椅，在小型健身工作室、家里或其他功能性训练区，健身椅都堪称是标准器材。

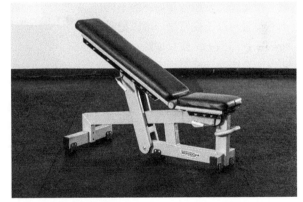

图1.8　可调节健身椅。

旅行中的器材

在旅行中获得良好的训练一直是对运动员的挑战，尤其是在赛季出行期间。无论是参加欧洲巡回赛的柔道运动员，还是一名不断参赛的网球运动员，或者运动员因某些原因离开熟悉的训练场去到陌生的地方的时候，如果没有合适的方法在旅途中完

成训练，一趟旅行足以毁掉运动员良好的身体条件。只有一种训练器材堪称运动员的最佳旅行伙伴，那就是一套质量不错的可调节弹力带（参见图1.9）。

JC Predator Jr.弹力带（参见图1.10）是我给旅途中的运动员的标准推荐。这并不是说一组弹力带就可以取代设备齐全的健身房中所有的力量训练器材。然而，阻力就是阻力，当不能找到其他器材时，Jr.弹力带可以提供合适的运动阻力，让运动员能够进行训练，而不是白白浪费时间。

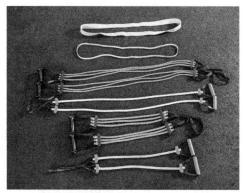

图1.9 可调节弹力带。

因为材料、尺寸和易于安装的缘故，弹力带非常便于携带。通常弹力带是由塑料和乳胶制成的，可以放在随身携带的行李中通过安检。Predator弹力带足够小，可以放在电脑包的口袋里，所以空间也不是问题。根据弹力带型号和训练的不同，训练设置可以千变万化：可以把弹力带固定到门框上，或只需踩在脚下就可以制造阻力。

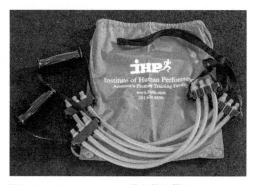

图1.10 JC Predator Jr.弹力带和袋子。

旅行时，有时没有可用的器材。在这些不常见的情况下，可以就地取材，用楼梯、长凳、单杠、双杠、沙地、山丘以及任何其他结构作为训练器材，在训练中增加额外的阻力。大多数酒店周围的布局都可以创造出一个超级棒的训练环境，从房间内的自重训练到酒店内的爬楼梯练习，再到酒店外沙地中的训练。

小结

本章解释了什么是功能性训练，并澄清了关于功能性训练的一些迷思，还推荐了一些训练器材，着重强调了功能性训练的简便性和经济性。功能性训练是有效且先进的，而不一定是复杂或昂贵的。了解了这些信息，现在我们准备学习功能性训练的基础知识。

第 2 章

功能性训练的基础

若要讨论功能性训练，最好先从功能的定义开始。其基本含义是指一个人或事物的具体用途或一种事物存在的目的。因此，功能性可以被定义为：

· 完成某项功能；
· 人或物按预期履行责任；
· 事物的特征行为，用于某项责任、用途或目的。

要定义功能性训练，我们必须首先定义人体的功能或特征动作。换句话说，什么是人体的运动功能？

人体运动的四大支柱

人体运动可以划分为四大类：位移、水平改变、推和拉以及旋转。这些是人体运动的四大支柱。四支柱模型组成了人体每天所需的基本运动。该模型完美地表明了每个支柱如何与主要运动技能相关，或者说这就是我提及的运动的四大方面：位移、水平改变、投掷和改变方向。大多数情况下，如果某项运动要求人们双脚站立，这四大方面支配着运动中所需的技能。有关四大支柱的更多细节将在本章后面详述。

位移

人体运动的第一大支柱是位移。作为两足动物，位移是我们最基本的运动技能。每个人，尤其是从事以移动为主的项目的运动员，应考虑做人体步态周期有关的所有训练。

位移的两个主要特点是单腿稳定性和旋转。位移每次发生在一条腿上，创造出一种将力量从地面转移到身体其他部位的结构。这就是所谓的"7型框架"，这将在本章后面更详细地讨论。旋转功能是位移的重要组成部分，它对于消除上身和下身之间的旋转力非常必要，这意味着为了有效地跑步，人体要协调一致且保持平衡。

位移是最主要的运动技能，因为它整合了所有四大支柱。每走一步，重心同时水平和垂直地移动（即支柱2水平变化）。位移涉及上半身的对侧的推和拉的运动（即支柱3推和拉），这对于消除下半身产生的旋转力非常重要。上半身和下半身之间的对侧运动产生了线型移动的旋转因素（即支柱4旋转），这是进行有效的向前运动的基础。这种整合解释了为什么需要划分为四大支柱以及为什么要按这种顺序逐一介绍。

水平改变（重心变化）

人体运动的第二大支柱涉及一个人重心的水平变化。水平改变的特征是躯干或下肢运动，或二者结合向下或向上移动重心。水平改变涉及许多非移动的动作，比如说捡东西，俯身较低位置，或者从地板上站起来。这些动作要用到下半身，我们弯曲膝盖、脚踝和髋部，通过蹲下、箭步蹲或踏上和迈下物体，从而完成水平变化。因此，下半身产生力量的主要方法可以说是三重伸展机制，涉及脚踝、膝盖和髋部。身体的躯干也能通过弯曲或伸展脊柱帮助垂直地改变重心。大多数时候我们使用躯干和下肢结合弯曲的形式来执行功能性水平改变（例如，网球中的低位截球，摔跤中的后拉抱，摔倒后爬起）。注意，不是肌肉系统的屈肌链而是重力在负责水平改变中的下降（即全身弯曲）。伸肌链控制功能中的弯曲程度和速度，因此水平改变时的受伤部位，通常是在身体结构的后半部分（如跟腱、腘绳肌和下腰背）。

推和拉

人体运动的第三大支柱是推和拉。这些运动涉及上半身并且能转移组合的重心。简单来说，可以把推和拉的动作想象成使肘部或手部朝向或背向身体主线的任何运动。拉的动作使物体向我们靠近，以便握住或抬起，且经常发生在投掷物体的初始加速阶段。推的动作是令肘部或手部背向或离开身体主线的任何运动。推的动作涉及诸如推开对手或摔倒后推着地面站起，还发生在投掷的后半部分（即加速度或随球跟进的后期部分）。

推和拉还是我们人体反射及生物力学系统的一部分。我们身体的神经交叉连接；一个反射导致一侧肢体弯曲，同时对侧的肢体伸展。这种现象可以在很多具有爆发性的动作中看到，比如投掷、游泳和跑步。例如，在诸如拳击和投掷等运动技能中，左侧肘部弯曲，同时右侧手臂伸展以完成击拳或掷球动作。通过制造较短的力臂，可使身体增加其旋转速度（就像一个花样滑冰运动员手臂靠近身体主干时旋转更快）。在跑步时，我们可以看到此反射以及上半身和下半身之间的匹配力臂。当左侧手臂在身体后面，肘部弯曲（短力臂）时，右腿是抬起和弯曲的（短力臂）。同时，右侧手臂更加伸展，左腿更加伸展并推离地面。

旋转

上面描述的神经交叉连接将我们引导至最重要的人体运动支柱：旋转。这一支柱负责运动时最常见的动作构成：旋转力！这是最重要的支柱，因为在运动中许多肢体运作都是爆发性的，并且涉及横截面（即旋转发生的运动平面）。

我们来快速看一下，肌肉系统向我们展示了人体运动是多么依赖旋转。1970年，在济因•A.罗根和韦恩•C.麦金尼[1]所著的《运动机能学》一书中，麦金尼描述了塞拉普效应[1]。作者做了一个奇特的实验，解释身体如何使用肌肉交叉连接提供旋转力及其原理。如果想要看到实验时的塞拉普效应，可站在一面镜子前，身着一件宽松的T恤，进行一次投掷动作，并在投掷最高点停住，或者仅仅是原地踏步。观察T恤如何起褶皱。那么核心肌肉在投掷或跑步时是如何负重的呢？答案就是斜对角线！

打开一本解剖方面的书，了解一下核心肌肉系统。我们会看到大部分核心肌肉系统都是对角线的或水平方向的。在主要核心肌肉中（即连接躯干的主要肌肉，坐骨结节上的肌肉，以及胸骨最上面下方的肌肉），几乎90%都是斜对角线的或水平方向的，旋转是其最主要的功能之一。表2.1提供了核心肌肉的大致组织形态及其基础方位，从中明显看出旋转是人体的天性。

四大运动技能

运动中最主要的四个动作类别（四大）是位移、水平改变（重心变化）、推和拉（投掷、推开和抓住物体）以及旋转（方向改变）。它们是大多数地面运动（即站姿完成的运动）的核心所在，几乎等同于人体运动的四大支柱。四大支柱描述了人体的生物力学功能，没有运动可以违背这四大支柱；因此，四大技能是四大支柱的真实写照。双足（即双腿）位移将永远是我们从A点移动到B点的方式。水平改变总是表明跳跃、捡起物体和降低运动位置的加载机制。推和拉是最常发生的自然运动。表2.2展示了四大运动技能和其基础动作，以及可以归入每个类别的专项运动动作。

---

1 罗根•G和W•麦金尼。1970年。塞拉普效应。解剖人体运动学，第三版。，由A.洛克哈特编辑，第287~302页。迪比克，IA：布朗。

表2.1　核心肌肉及其方向

背部

肌肉	非垂直	垂直
斜方肌	√	
菱形肌	√	
背阔肌	√	
后锯肌	√	
竖脊肌		√
腰方肌	√	
臀大肌	√	
臀中肌	√	
阔筋膜张肌		√
髋关节外旋肌（6）	√	

腹部

肌肉	非垂直	垂直
胸大肌		
胸小肌	√	
前锯肌	√	
腹外斜肌	√	
腹内斜肌	√	
腹直肌		√
腹横肌	√	
腰大肌	√	
髂肌	√	
缝匠肌	√	
股直肌		√
内收肌（3）	√	
耻骨肌	√	
股薄肌	√	
总数	28对=56块	4对=8块
旋转肌的比例	87.5%	12.5%

　　就像前面提到的一样，四大运动技能均可通过人体运动的四大支柱进行描述。他们都通过本章稍后讨论的一系列肌肉驱动，包括前部和后部的"毛毯披肩"[2]现象。将运动中的主要动作与四大支柱关联起来，然后开发生物力学模型来训练动作，可创造一种简单但强大的方式来设计功能性训练计划。现在，让我们看看四大运动技能及其如何与四大支柱具体相关。

　　2　Serape，一种墨西哥毛毯服饰，交叉于胸前和背后。

表2.2　四大运动技能的动作和活动示例

运动技能	基本动作	专项运动示例
位移	将身体从A点带到B点的任何移动动作	所有行走、慢跑、快跑、挪动、跳跃和单腿跳
水平改变	弯曲和伸展腿部，抬高或降低身体重心，包括从地面举起物体	在棒球运动中降低体位贴向地面截住一个滚地球，在网球运动中击打一个低截球，摔倒后站起来，摔跤时爬起来举起对手，以及减速时降低重心
推和拉（投掷、推开和抓住物体）	用一只手实施，通常要求另一只手臂向相反方向运动；推开和抓住物体可能需要一两个肢体部位协同工作	棒球运动的投掷，网球运动的发球，排球运动的扣球，以及投掷标枪
旋转（改变方向）	任何要求一腿不动或旋转髋部和肩膀的动作，包括摆动	在所有运动中需要改变移动方向，如球拍类运动、高尔夫、投掷链球、游泳，以及空中旋转

运动位移

在地面上的运动中，位移（跑步）毫无疑问是成功所需的最重要的技能。跑步速度以及敏捷度是运动员最想从体能教练那里得到的。这也是为什么位移是人体运动的四大支柱之首并涉及所有其他支柱的原因。

位移是交替使用双腿，从A点到B点移动身体的任何动作。移动时，一只脚在地上保持不动，通过地面接触点传递能量，向目的方向移动髋部。髋部越过不动的那只脚，然后另一只脚放在地面不动，如此循环。不论运动员是跑步到一垒，悄悄走到篮球防守位置时，还是在网球场上改变方向时，运动移动最终要将身体的重量放在一条腿上，这是我们需要看到和理解的，也是训练的基本特点之一。通过一条腿传递高推动力是第一支柱和所有运动移动的关键特点。下面让我们看看单腿现象，这样我们可以更好地理解其重要性以及应该如何训练。

提高跑步成绩最传统的方法是使用一些双腿力量训练形式，例如下蹲、硬拉和蹬腿练习。尽管这些练习可以改善位移，却并非是运动技能的特效药。当进行双腿力量训练时，运动员使用的是A型框架。在建筑学上，A型框架是一种结构，建筑物层层堆叠进行构造。因为其稳定性，推举最重的重量时，通常使用A型框架姿势，例如下蹲姿势（参见图2.1a）。

尽管下蹲是一种很好的一般性练习，但是相比单腿练习，例如单腿下蹲，双腿下蹲并非跑步的最佳便携式训练。与双腿下蹲使用A型框架不同，单腿下蹲使用的是7型框架（参见图2.1b）。

相比A型框架，7型框架要求髋部具有稳定性。髋部的任何不稳定性都会导致抑制进程，关闭身体产生力的能力（即力量），将不稳定的髋

图2.1　两个下蹲版本：（a）双腿下蹲使用A型框架姿势；（b）单腿下蹲使用7型柜架姿势。

部置于危险中。很明显，使用抑制反应保护髋部的消极方面，就是削减了髋部提供的力，并且减慢了移动进程。因此，训练7型框架并非仅仅能增强髋部的稳定性，还能减少力量弱的髋部可能产生的抑制反应。

位移的附加功能还包括协调对侧的上半身以及下半身肢体。在本章稍后，我们将更加详细地讨论这些。

很多受欢迎的、针对位移的功能性训练练习，都是高回报的简单运动。本书已经提到的一些练习是我最推荐的练习，包括单腿手臂前伸、单腿下蹲和单腿SB臀桥。这3个练习是我的跑步训练方案的必要组成部分。2个额外的练习是单腿横向扶墙侧滑和扶墙军步。这5个练习组成了一个很棒的居家跑步训练方案，在第3章和第5章中有更加详细的描述。表2.3展示的示例，说明了如何在家或在健身房发展运动移动能力。

水平改变（重心变化）

水平改变发生在运动员执行跳跃、落下以及起身前的反向运动中，比如追逐一个接近地面的球，举起对手或物体，在任何格斗运动中改变水平位置，或仅仅是改变方向。这是一种决定性的运动技能，可以在所有地面上的运动中看到，这就是为什么水平改变是人体运动的第二个支柱。让我们看看水平改变的机制，这样我们就可以更好地理解水平改变是如何发生的以及如何进行功能性训练。

表2.3　在家或健身房针对跑步的功能性训练方案

星期一和星期四		星期二和星期五	
练习	组数和重复次数	练习	组数和重复次数
单腿CLA手臂前伸	2或3组×10次	单腿下蹲	2或3组×10次
SB单腿墙侧滑动（内侧腿）	2或3组×10次	SB臀桥（单腿）	2或3组×10次
45度墙侧军步或跑步练习	2或3组×10~20次或（10~20秒）	SB单腿墙侧滑动（外侧腿）	2或3组×10次

　　水平改变要求弯曲腿部、髋部甚至脊柱，使身体部位的角度多样化，从而降低身体的重心。如果涉及很重要的膝盖弯曲，髋部（即后部分核心的中心）在运动中承担了大部分控制水平改变的工作。依赖后部分核心来做重型推举是有道理的。因为这涉及后腿肌腱、臀肌以及脊椎旁肌肉等巨大的肌肉群。我亲切地称所有这些三组肌群为三好友。运动中大部分的受伤情况都通过一种或多种方式涉及这些肌肉，所以训练这些肌肉并非仅仅是为了提高运动表现，还能防止受伤。

　　在大部分运动中，水平改变需要用到运动的两个基础位置（参见图2.2）：平行站立和交错站立。在从地面起身时，使用这两个基础支持动作，降低身体接近物体，然后抬高身体或物体。一名篮球运动员通过平行站立执行所需的水平改变，以便创建一个跳投。棒球接球手还可能平行站立于固定位置上，在跑垒手尝试偷垒前，接球手可以通过这个动作获得反应跑垒手所需的稳定性。在一些摔跤运动技能中，例如过肩摔，运动员使用平行站立将对手从垫子上硬拉起来。在一些举起技能中，运动员还使用手臂抱住对手（物体），因此拉的动作是第三支柱的一部分。

图2.2　两个基础支撑的水平改变。在棒球中，（a）接球手平行站立，获得反应投球手偷垒时所需的稳定性，但是（b）内野手交错站立以便迅速接防并投掷一个低位滚地球。

通过交错站立执行的水平改变与平行站立相比非常不同。这些运动更加要求精确性，需要更多的如外科医生般的精准度。网球中的低位截击，就是这种水平改变的完美示例，此时需要将接球动作和减速移动（跑步）相结合。棒球中的内野手还需要接防快速移动的低位滚地球，此时需要交错站立。交错站立的水平改变不仅能提供快速水平改变，还能提供快速改变方向的能力，所以一个运动员可以借此重新回到比赛中或继续比赛。

忽略上半身及下半身使用的时间，我们观察交错站立的水平改变时，会发现一件事情：使用7型框架的时候，单腿和单个髋部是主导。尽管两只脚交错站立在地上，但是减速或改变方向时，只有一侧腿或髋部承担大部分负重。单侧主导和非对称负重伴随发生，这不是传统的双腿训练方法能解决的问题。但是其非常符合功能性训练的特征，所以此时使用功能性训练效果不错。

分析大部分运动中水平改变所使用的两个姿势，我们可以使用专项原则进行训练。传统的力量训练着重使用A型框架，平行站立，对称负重。硬拉、俯卧挺身、下蹲以及奥林匹克举重等练习，都适合练习平行站立的水平改变。这些传统的练习在开发基础力量时是有效的，可以作为年度力量以及体能综合训练方案的一部分。但是，如果缺乏时间、设备、金钱，或是教练技能以及运动员的能力不足，都会制约使用这些传统的训练方法。在这些情况下，更具功能性的训练途径可以作为很棒的替代品。壶铃摆臂、劈砍动作、平行站立复合划船，以及SB反向腹背伸展都是开发后链肌肉系统的不错的选择，并且能够提升平行站立的水平改变能力。

运动中虽然经常出现交错站立，但是对于很多人来说，交错站立水平改变中的单腿支配动作不再是训练的重点，也不需要频繁地训练。很多人通常使用双腿的、对称的负重练习训练所有的水平改变。这使得功能性训练成了替代训练体系。其实在功能性训练中，交错站立占据了很显要的位置，单腿训练以及交错站立练习非常注重髋部链接。充分关注这种生物力学特异性，在短时间内，通过简单练习，无须使用昂贵和笨重的设备，就能产生令人难以置信的结果。例如BP交错站立、CLA复合划船、BP交错站立、CLA硬拉和单腿45度向后伸展的练习，都是开发交错站立的快速水平改变的最有效果的练习。表2.4展示了简单的水平改变训练方案示例，可以每周练习两次，每小节30分钟。

推和拉（投掷）

就像运动中的移动一样，我们以投掷为例。如果我们观察投球手怎样投出一个时速100英里（161kph）的快速球，我们会看到他先弯曲一条腿，再弯曲另一条腿，改变他的水平位置，先收回再推出手臂，然后旋转身体。四大支柱的结合在很多运动的动作中很常见，因此，投掷是分析练习设计的绝佳模型。甚至在投掷中，还能看到

表2.4 家里或健身房的水平改变功能性训练方案

平行站立		交错站立	
练习	组数和重复次数	练习	组数和重复次数
杠铃硬拉	3×10	BP交错站立 CLA复合划船	3×每侧腿10次
BP复合划船	3×10	BP交错站立 CLA硬拉	3×每侧腿10次
SB反向腹背伸展	3×10	单腿45度向后伸展	3×每侧腿10次

别的种类的运动技能。例如网球中的过顶发球或排球中的扣球，在四大支柱运动中都有呈现。

投掷的力量产生模式与跑步相似，力量通过对角线模式产生，也通过对角线模式改变方向。对角线就好像力的高速通道。正如我们在图2.3中看到的一样，投球手右手投出一个球，飞向接球手，力量通过对角线模式产生，交叉穿过后部分身体（即在蓄势以及缩回阶段，从右侧髋部至左侧肩膀），交叉穿过前部分身体（即在加速阶段，从右侧肩膀至左侧髋部）。投球手使用移动动作离开原位，在缩回阶段之后迈步回到本垒板。投球手在开放式站位中使用了水平改变，然后推和拉结合从而最终投出棒球，在加速以及扬球阶段都使用了旋转动作。这就是投球时运用四大支柱动作的过程。

在涉及向前推进物体的大部分动作中，我们都将发现相似的四大支柱动作集成。

一旦球被投出，相似的对角线模式就穿过后侧身体使投球动作减速（参见图2.4）。投球手的减速由后部分身体的肌肉以对角线方式完成，从左侧髋部至右侧肩膀：左侧腘绳肌、左侧臀大肌和右侧背阔肌。如果我们仔细看任何动作的图片，我们将经常看到衣服向力量产生的方向伸展。这是用来决定某个动作应该使用哪些肌肉的很棒的一种方法。讨论"毛毯披肩"现象以及力的高速通道时，我们将在本章稍后部分针对此对角线模式提供更多信息。

分析投球或发球动作中需要避免什么样的重大错误，主要看经常出现受伤的位置，通常是肩膀。如果我们看一下投球手在投球动作时的肩膀动作，或网球手在发

图2.3 投球加速。右手投球手使用对角线模式向前猛推，力量贯穿身体后部肌肉系统，从右侧髋部至左侧肩膀，加速是通过对角线模式由前部分身体肌肉完成的，从右侧肩膀至左侧髋部：右侧前锯肌、右侧腹外斜肌、左侧腹内斜肌，左侧髋部曲肌和内收肌。

球时的肩膀动作，我们会看到难以置信的旋转量（参见图2.5）。肩膀受伤的时候，通常的办法是休息、冰敷，最后是旋转或轻拍练习。但是，这种传统的分析以及训练投手的途径需要重新评估。这种方法并不能训练肩膀回旋肌，使其恢复到运动中的速度和活动范围。

在投掷或发球动作中，是什么在给肩膀提供加速度或减速度？并不是肩膀，而是核心。身体像弓一样运动，一部分强有力，位于右侧中间（核心），产生力量。此区域必须通过大幅度动作训练，这样前部分身体可以学习如何加速投掷动作，后部分身体可以学习如何减速动作。

为了用更加功能性的方式训练投掷加速以及减速的构成要素，我们需要考虑两个投掷阶

图2.4 投球减速。

段。多数运动员以及教练很关心加速的构成要素，但是这就像为一辆车增加马力，却安装了一个很弱的刹车。BP交错站立、CLA推举和X型举腿都是容易练习的示例，提供改善投掷控制以及防止受伤所需的对角线核心训练。

图2.5 网球发球时的肩膀旋转。
经许可改编，E.P.罗伯特和M.S.科瓦奇，2011年，网球解剖学（香槟市，伊利诺伊：Human Kinetics出版社），第26页。

这些练习让核心部位学会承担大部分重要工作，所以减轻了肩膀以及腰的负担。这种方法不仅能提供更多的力量和速度，还能保护小的关节，并降低肌肉受伤的风险。

投掷的减速阶段可能比加速阶段更加重要。大部分在投掷中发生的受伤位于身体后侧。最酷的事情就是，投掷动作中的减速与位移以及水平改变很相似，因为减速同时涉及位移以及水平改变。例如，SB反向腹背伸展练习以及KB单臂摆动练习都是开发减速能力的上佳练习。可以在这两个练习上增加更多贴近专项的练习，例如单腿CLA手臂前伸、BP交错站立、CLA复合划船，以及DB或KB前弓步摸脚。

我们可以在家以外的地方或在健身房使用简单、便宜的器材，简单地进行一周的投掷类功能性训练计划。表2.5展示了这样的训练方案。

表2.5　家里或健身房的投掷功能性训练方案

星期一和星期四（加速日）		星期二和星期五（减速日）	
练习	组数和重复次数	练习	组数和重复次数
平面支撑	2或3组×10次	单腿CLA手臂前伸	2或3组×10次
X型举腿	2或3组×10次	BP复合划船	2或3组×10次
BP交错站立推举	2或3组×每侧手臂10次	DB或KB前弓步摸脚	2或3组×每侧腿10次

旋转（改变方向）

毫无疑问，旋转（改变方向以及摆动工具）是四大支柱里最重要的运动技能。改变方向，包括摆动工具，是几乎所有运动的特点，在运动场看录制回放时可以看到很多方向的改变。无论是跑锋对后卫做假动作，还是击球手击中一个本垒打，都需要旋转力从一个方向加载身体爆发性地改变方向，而这经常是比赛中的决定性时刻（参见图2.6）。旋转是这种技能的关键，也是人体运动的第四大支柱，并且连接其他支柱。

图2.6 跑锋做出假动作晃过后卫。改变方向主要是通过对角线的后部肌肉系统而加载：大的背阔肌和对侧臀大肌以及腘绳肌。

改变方向以及其旋转构成要素是人体运动的基础，尤其是爆发力产生的基础。

旋转的构成要素有很多。例如，如果分

析人体移动，我们很快能发现上半身移动方向与下半身相反；也就是说，右臂伸出的同时左腿也会伸出。如果我们研究一个右手投球手的投球动作，我们将看到左腿以及右侧手臂在挥臂发球时靠拢，然后再从本垒到击发的投球迈步（跨步）阶段里分离。髋部转向本垒开始给球加速，在跟进阶段，右侧手臂向左侧腿再次靠拢。与之相似，在挥杆以及跨步阶段，手握球拍的运动员或高尔夫球手将右侧肩膀与左侧腿分离（参见图2.7）。然后旋转髋部，球拍或球棒通过碰撞区，右侧肩膀向左侧髋部靠拢。

所有这些示例都有一些共同点：

•大部分的方向改变发生于地面的固定点上。

•需要一个与地面接触的关键控制点（通常由单腿主导）以便向一个方向发力。

•最初的腿部驱动之后，所有方向改变都是由旋转髋部的运动所引发的，旋转髋部运动紧随肩膀运动之后。

图2.7 高尔夫挥杆。右手高尔夫挥杆由身体后部分的对角线肌肉系统（即右侧腘绳肌、右侧臀大肌、左侧背阔肌）和身体前部分的对侧肌肉系统负重（即左侧髋部屈肌和内收肌、左侧内斜肌、右侧外斜肌和右侧前锯肌）。

•在这些方向改变中，力量产生模式是对角线模式，通过身体前部及后部，连接髋部和对侧肩膀。

•改变方向涉及力量减速以及另一个方向的另一个力量的瞬间加速。

•在方向改变中，核心（胸部和大腿的区域）是传递力量的桥梁。

本章稍后在讨论力的高速通道时，以上这些将更加细致地呈现。

关于改变方向，从我们关于对角线以及旋转本质的讨论中看到，很明显为了用功能性方式训练这种普遍的动作，我们需要训练旋转以及对角线运动，甚至具备旋转构成要素的单侧肢体负重运动（例如单臂推举、单臂划船），来针对改变方向一系列内容丰富的功能性训练。许多下半部身体的练习已经讲过，例如单腿CLA手臂前伸和弓步摸脚，也能为方向改变提供优秀的训练。但是，如果我们考虑特异性原则，针对运动特点是横向改变方向的运动，我们可以很容易地看到增加更多侧向以及旋转训练可以在很大程度上改善功能性训练。例如横向侧弓步、MB对角线砍削、BP短距离旋转，以及对角线BP砍削等练习可提供更加有针对性的旋转训练，使我们速度更快，在涉及挥摆类的运动中增加旋转力技能。表2.6提供了一个确定有效的改善移动改变方向的方法，同时也可以改善挥摆运动力量的方法。

四大运动方式提供了一个关联主要运动与四大支柱的方法，产生了基于特异性原则的功能性训练方案。生物力学可能是一个复杂的主题，但是逻辑分析以及在设计专项运动方式时，在使用本书的练习设计和示例来应用时，四大支柱都可以提供很大帮助。

表2.6　改变方向（包括挥摆动作）的支持性练习

移动方向改变		挥摆	
练习	组数以及重复次数	练习	组数以及重复次数
DB或KB侧弓步	3组×10次	BP短距离轮动（10点至2点钟方向）	3组×每侧腿10次
SB单腿墙侧滑动	3组×10次	BP低至高砍削	3组×每侧腿10次
MB短距离对角线砍削	3组×10次	BP高至低砍削	3组×每侧腿10次

运动环境

目前所讨论的爆发力运动模式会根据运动发生的环境而有所不同。相比设定和提高功能性训练，这种环境很少有人知晓。大部分运动发生在陆地上（即进行运动时，会与地面相接触），但是某些运动的特点是其动作会发生在不同的物理环境中。例如，游泳时的划水发生在水中，空中军事演习发生在空中。

旱地运动力量训练并非由地面接触主导，但是仍然是在陆地上进行的。如果我们的力量训练在陆地上进行，那么基于地面的功能的操作环境自动主导训练，而且必须被考虑在内。理解基于地面的训练的环境属性，将帮助我们把本书阐述的原则最大限度地应用于功能性训练。

重力

操作环境中，最重要也最持久的构成要素是重力。通过给予物体向下力量的方式，重力影响着地球上所有的物体。在所有地面运动以及训练中，这种向下的力量实际上成为一种重要的工具。

首先，重力的下拉加载了肌肉系统。例如，如果我们要跳跃，我们会无意识地先弯曲腿部以及髋部，让重力迅速地弯曲身体以及加载伸肌，所以我们可以更加有力地跳跃。由于重力的下拉作用，弯曲并不耗费身体的任何能量，并且在一些快速伸缩复合练习中，重力下拉身体的速度甚至可以引出反射（肌肉牵张反射），例如跳深。如果没有重力或重力很小，看看宇航员在太空中移动得多慢就已知晓。我们可以想象在月球上进行体育比赛吗？这场比赛永远不会结束，队员也没法用力。

重力还可以让我们在三个维度内同时对关节加载负重。在1995年的链式反应研讨会中，加里·格雷引用了这个负重机制，多面关节动作模式，或称之为三维负重。例如，一个右手高尔夫球手在挥杆中允许重力作用于右侧髋部，髋部在矢状面弯曲，在额状面内收，在横截面向内负重。髋部的三维负重提供给我们在驱动中所看到的巨大爆发力。几乎无一例外，身体中所有主要关节都可以在三个维度负重，使人体与重力成为产生力的强大盟友。

三维负重令多个身体部分处于产生力量的最佳力学位置上，进而产生物理元素：动量。功能性训练反映了如何使用重力负重肌肉、引起反射。各种跳跃练习、低至高绳索旋转练习以及药球投掷练习都可以用来学习如何使用重力产生爆发力。

动量

动量是运动中明显的特质之一，也是主导力量之一。动量被用来加载肌肉和通过大范围的动作进行有效移动。例如，在快速伸缩复合练习中适用动量对肌肉进行加载以便得到更有力的收缩。动量还作用于大范围的移动物体、工具以及身体部分，几乎不需要任何肌肉收缩；想想迈克尔·乔丹在扣篮得分时单腿起跳的表现。挥杆产生的动量就是击球或高尔夫挥杆所提供力的方式。

动量是由物体的质量以及速度产生的；物体移动越快或质量越大，其可能产生的动量越多。在现实生活中，质量一般是恒定的。运动员的体重、球拍、球手套和球棍的重量不变。在这些情况下，能增加动量的因素就是速度，这也是为什么称之为速度技能。加速是增加速度，也是运动中最受欢迎的素质。相反，动量的减少经常被称之为减速。就像前面提到的，谈到对运动员表现的影响，减速与加速同样重要。加速以及减速都是动态因素，都涉及力量和速度，针对运动的功能性训练应该会反应这些内容。例如跳跃、滑雪以及药球投掷等练习都能教会运动员如何操控动量，以及同时操控力量和速度这些构成要素。

地面反作用力

我们的操作环境的另一个特性是，力量的产生都来自于地面。在极大程度上，我们为任何事做准备都要求我们从地面产生力量。无论我们是挥动球拍，在格斗中阻止对手，还是在球场上阻止防守截锋，动作产生的力量是由运动员的能力决定的，运动员需要通过坚实的脚底接触和地面反作用力从地面获取力量或向地面传递力量。

艾萨克·牛顿的第三定律解释了原因：作用力与反作用力。也就是说，对于每个动作，总是有相反的、对等的反作用力。这意味着当我们站着向地面施加力量的时候，地面反向提供了等量的力量。因此，跑步时，在并步阶段要把一只脚定在地面上，地面就会向我们提供等量的力量，将髋部向目的方向推进。

地面反作用力还会影响我们进行平衡训练和使用不稳定表面的途径。尽管平衡训练可能对保持神经通道畅通和神经传导流畅有效果，平衡（即不稳定）训练并没有提供通过脚与地面的稳固接触传输高力量所需的稳定性，而这是所有地面上的运动都需要的。在地面和身体之间，如果物体是软的或不稳定的，就不能提供地面的反作用力！因为我们需要反作用于地面以便传输力量，我们必须重新评估针对产生和传输力量而使用的平衡训练。我们的推荐很简单：把脚定位于地面，尽可能快地向所有方向移动重物！

地面反作用力对于所有运动都很重要，甚至是游泳这样的运动。就像前面所提到的，尽管有些运动并不与地面有多少接触，但是健身房中的力量训练仍然几乎全部是基于地面的。因此，健身房中的力量开发效果都基于地面接触和反作用力。

三维动作

操作环境最后的组成部分是其三维属性。每天我们在有360度动作范围的环境中操作。此种运动自由通过三维平面加载提供了巨大的力量和爆发力容量。

尽管并非全部，但是大部分的体育运动都是在多维环境中举行的，只有始终在这种环境中训练才有意义。如果我们是为运动的多维环境做准备，我们必须使用涉及全部三维平面的动作方式训练。三维动作提供更多益处。例如，运动的360度特性使肌肉能够同时在动作的三个维度加载负荷。但是，这个令人难以置信的益处必须确保全部三个维度的稳定，也叫三维稳定性。缺少三维稳定性是传统训练最拖后腿的地方，尤其是基于器械的训练，但这正是功能性训练开发的关键属性。

运动爆发力高速通道

身体通过其主要肌肉系统为最普通的运动移动产生爆发力高速通道。生成一个爆发力高速通道图谱，可以提供一个新的训练模型，其中包含所有身体移动方向，我将与这些方向对应的训练模型称为我的训练八边形。

身体就像一张弓：运动力量产生的方向

最简单的描述身体如何产生力量的比喻是将其喻为一张弓。大家都知道，为了给弓加载负荷，我们必须首先弯弓（参见图2.8a）。我们都知道弓最强壮和最硬的部分是中心或核心。

例如，一个网球手向后弯曲身体后发球（参见图2.8b）。向后弯曲为身体前部加载。就像弓一样，网球手从身体中心施展爆发力。这个比喻揭示了简单练习的专项特点，例如BP游泳式和MB过头摔砸。这两个练习可以训练身体前部和改善任何过头投掷运动。

仍然拿弓做比喻，身体弯曲时对背部进行加载。背部可以负担和提供所有身体重心改变所需的力（如跳跃、从地面爬起、举起物体）。例如，一个游泳运动员或短跑运动员弯（曲）整个背部肌肉系统负重背部，从而蹬台入水和蹬地起跑。同理，摔跤手用背部核心肌肉举起对手。

这些画面让我们意识到一般力量练习的特征，例如硬拉和更有针对性的功能性练习，例如KB单手摆动和MB反身投掷。向前和向后弯曲不仅能促进弯曲和伸展，同时还以合作的方式相互对立，正如我们在看对角线构成要素时看到的一样。

前部或后部的"毛毯披肩"现象

展开弓的比喻和核心的对角线负重原理，我们可以将身体看作一个系列的弓，

图2.8 （a）弓箭手弯弓为弓加载。
（b）网球手发球时弯曲身体以便产生力量。

像丝带或围巾一样联系在一起。这种对角线现象又称为前部"毛毯披肩"（参见图2.9）和后部"毛毯披肩"现象（参见图2.10）。这个生物力学系统在运动中是极其重要的，能帮助我们理解身体如何移动以及如何进行训练。

前部"毛毯披肩"沿身体前侧连接右侧肩膀与左腿，以及连接左侧肩膀与右腿。要完善这个丝带图，每个肩膀是在后面通过肩胛骨与脊柱连接的。与之相反的是后部"毛毯披肩"，沿着身体后侧，右侧肩膀与左腿连接，同时左侧肩膀与右腿连接。要完善连接图，可以看到每个肩膀的胸部前端通过胸肌与胸骨相连（胸部肌肉）。前部肌肉系统与后部肌肉系统连接，后部肌肉系统与前部肌肉系统连接，这似乎是矛盾的。但是想到在日常生活中类似的示例，这种连接配置创造了完美的感觉。腰带必须绕回到背后，才能保证前面衣服的安全，丝巾也必须绕回到后面，才能保持前面衣服的位置，一件外套必须有背部，才能保持前面的衣服在合适的地方。前部和后部的"毛毯披肩"通过相反相成和相辅相成的模式工作；前部"毛毯披肩"加速，后部"毛毯披肩"减速，反之亦然。

要将"毛毯披肩"现象带到生活中，让我们使用前面的右手投球手示例。右手投球在挥臂准备投球和跨步时，是后"毛毯披肩"部位首先加速（右侧腿至左侧肩

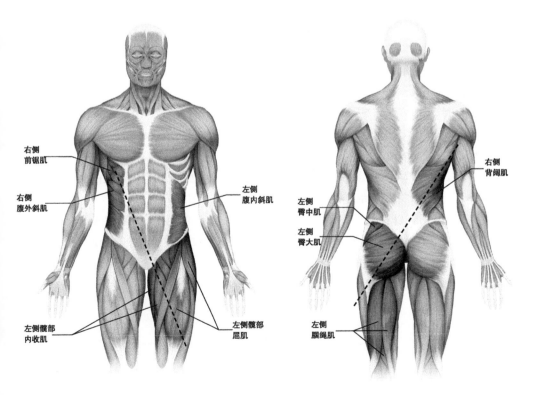

图2.9 前部"毛毯披肩"。　　　　　　　　　　　　　**图2.10 后部"毛毯披肩"。**

膀）。在曲腕和加速阶段使用前"毛毯披肩"部位的肌肉，即从左侧腿至右侧肩膀的斜对角线交叉：左侧髋部屈肌和内收肌，左侧腹内斜肌，右侧腹外斜肌和右侧前锯肌。右手投球是后部毛毯披肩肌肉减速，即从左侧腿至右侧肩膀的斜对角线交叉：左侧小腿肌，左侧腓肠肌，左侧腘绳肌，左侧臀大肌和右侧背阔肌。

这种对角线加速和减速在所有运动中都是同步协调的，尤其在使用了旋转的时候。例如，同一个肌肉系统，可以在右手投球时用来减速，也可以在网球中的右手反手击球时用来加速。

一旦我们理解了前后毛毯披肩的对角线本质，我们就能开始理解所有的体育动作和四大支柱，明白了四大支柱的作用。有了这些理解，针对运动的功能性训练就会变得简单，如同训练爆发力的"毛毯披肩"高速通道一样。让我们看看为训练爆发力的高速通道设计的训练体系。

JC的训练八边形

学习"毛毯披肩"效应的内部原理可能需要一点时间，学习如何训练会花上更多的时间。我开发了训练八边形使训练毛毯披肩效应更容易一些。

如果我们结合人体运动的四大支柱、弓的类比和前部及后部毛毯披肩模式，我们会发现身体可以朝八个方向弯曲和旋转几乎可以执行任何运动技能。这八个方向就是爆发力的高速通道。正如我们在图2.11中看到的，第1、第2条线和运动的八个方向点，主要由后背肌肉系统用来伸展身体。第4、第5、第6条线主要由前部肌肉用来弯曲身体。第3和第7条线主要由前部和后部肌肉用来做完全水平方向的旋转。我们所说的主要，不是专门的意思；而是所有这些系统都整合在一起，互相帮助。我们将此模式极度简化使其容易理解。

表2.7汇合了所有信息，包括爆发力的高速通道八边形；运动中涉及的主要肌肉系统；与动作相关的运动技能和一些可以改善动作的练习。

正如我们可以看到的，训练八边形提供了一个简单的生物力学模式及训练体系，任何教练或运动员都可以用来进行功能性训练。例如，在运动技能栏选择我们需要训练的运动，在练习栏我们可以找到适合的练习。另一栏提供额外的信息，例如使用的肌肉系统和动作的方向。

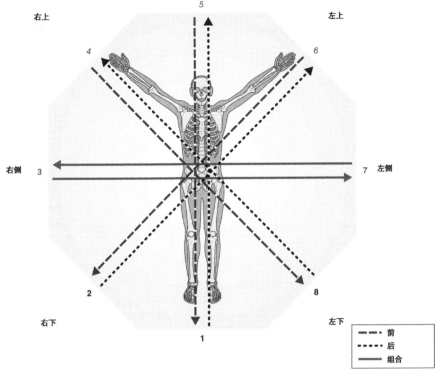

图2.11 JC的训练八边形。

表2.7 JC的训练八边形

序号	运动方向	涉及的肌肉	运动技能	练习
1	低至高	腘绳肌、臀大肌、脊柱旁的肌肉	向前和向上的双腿跳，从地面起身	下蹲，MB砍削式练习，"早上好"屈体，硬拉，弓步，SB腹背伸展，SB反向腹背伸展，SB臀桥，KB摆动，俯卧两头起
2	低右至高左	右侧腘绳肌、右侧臀大肌、左背阔肌	左侧反手，右侧正手，右腿固定向左切步，左手投掷减速	左手交叉低向划船，右腿侧弓步，右侧腿CLA手臂前伸，BP低右至高左砍削，MB低右至高左砍削，BP右腿交错站立左手划船式

> 续表

表2.7>续

序号	运动方向	涉及的肌肉	运动技能	练习
3	右至左（联合低右至高左和高右至低左）	与第2、第4项相同	右手挥拍击球，右腿固定跑步，左手减速挥拍击球	BP短距离右至左抡动，MB右至左旋转投掷，左侧SB滑雪
4	高右至低左	右侧前锯肌，右侧腹外斜肌，左侧腹内斜肌，左侧髋部屈肌和内收肌	右手投掷或发球，左踢腿	高右至低左侧缆绳砍削，右手至左腿交叉卷腹或V型举腿，左侧腿交叉抬膝，BP交错站立右手推举
5	高至低	双侧髋部屈肌腹肌	屈体跳水或体操中的团身抱膝动作，格斗防御	仰卧起坐，卷腹，V型举腿，团身屈膝，SB以及MB球变化动作
6	高左至低右	左侧前锯肌，左侧腹外斜肌，右侧腹内斜肌，右髋曲肌、收肌复合	左手投掷或发球，右踢腿	高左至低右缆绳砍削，左手至右腿交叉卷腹或V型举腿，右侧腿交叉抬膝，BP交错站立左臂推举
7	左至右（联合低左侧至高右和高左至低右）	与第6、第8项相同	左手挥拍击球，左腿固定跑步，右手减速挥拍击球	BP左至右短距离轮动，MB左至右侧旋转投掷，右侧SB滑雪
8	低左至高右	左侧腘绳肌，左侧臀大肌或背阔肌	右手反手，左手正手，左腿固定向右切步，右手投掷减速	右手交叉低位划船式，左腿CLA手臂前伸，左腿侧弓步，BP低左至高右砍削，MB低左至高右砍削，交错站立右手划船式

小结

　　本章为功能性训练如何提高运动成绩奠定了基础框架。从基础定义到四大支柱和训练八边形的生物力学讨论，这些信息让运动员和教练能够更好地理解功能性训练，学会如何评估和设计练习及训练方案。总而言之，本书前两章的信息帮助我们为本书剩余部分的练习和训练方案做好了准备。

第 3 章

运动表现的整体连续性

人们经常问，"什么时候我可以开始功能性训练？"我对这个问题的回答一直是："昨天！"我曾经几次被邀请在功能性训练的专业会议上发言，随着时间的推移，我遇到了更多专业人士，他们相信在训练过程中，应将功能性训练放在特定的训练阶段中。其他人认为，功能性训练是一种进阶的方法，只有完成一般基础的、使用器械阻力的训练阶段后，才应该尝试。还有人认为，功能性训练只有在康复阶段才有效，传统的训练方法（如奥运会举重和力量举）才是力量训练的主要方式。有些人甚至认为，功能性训练是专项运动训练，应在非赛季和赛前偶尔使用。虽然这些观点对于训练方法有用，并且也带来一些成功，但是问题仍在于：什么是使用功能性训练的最佳方式？

我们都不得不承认，成功的运动员会采用各种方式以实现他们的成功，有些人甚至只做极少的体能训练。我们也承认，我们可以找到某些竞技冠军，在其整个运动史上都没有做太多的体能训练。这是否意味着我们不向运动员推荐规划完整设计的体能训练（功能性的或非功能性的）呢？虽然在过去，甚至是现在，有一些可能单纯依靠天生的才能来主导其训练的伟大运动员，但大多数专业人士现在认为，体能训练方案是运动员成功的关键要素。

至于什么样的体能培训方案是最好的，我们可以肯定地说，适当地使用所有训练方法一直是开发最佳训练方案的绝妙方法，这也包括功能性训练。因此，在同样的训练理念下，在同一训练体系内，功能性训练作为一种训练方法，并不排斥其他培训体系。这将永远是我们对于体能训练的立场。

功能性和有效训练的标准

对于自己的运动员，专项教练和体能教练经常不知道一项练习是否是正确的训练，甚至是不是一项适当的训练。不管你相信与否，这其实是一个很容易回答的问题。如果训练具有生物力学特征，可以无痛苦地进行，可以通过良好的形式执行，并每周都能提高训练的质量，这就是一项具备功能性和有效性的训练！

生物力学特征

在前几章中，我们讨论了功能性训练的意义和特征原理。我们知道，练习方法越贴近模拟目标的活动，就越是专项的和功能性的。然而，也有许多有效的训练，不符合这一通用原则。例如，单腿蹬推和瑞士球单腿臀桥是两项功能性练习，能够加快跑步速度，但是看起来与跑步全然无关。这些训练方案因为其特征适用于训练的某个部分，因此也适用于整个训练。在瑞士球单腿臀桥的例子中，显然缺少跑步动作中的垂直负重。然而，此训练却能帮助拉伸髋部肌肉，同时帮助控制屈伸动作。事实上，瑞士球单腿臀桥可以帮助暂时不能跑步的跑步运动员，他可能由于胫前疼痛或下背部损伤不能跑步，因此，瑞士球单腿臀桥训练成为一项最强大的功能性跑步练习项目，即使它看起来一点都不像跑步。

无痛训练

疼痛对于体能训练是非常重要的。每个人都欣赏坚韧的精神，以及在竞技场上克服痛苦坚持比赛的毅力；然而，训练应该保持无痛。疼痛是机体在修复某些结构或组织时使用的机制之一。疼痛限制了动作的范围，或者通过改变训练模式使结构或组织负重。因此，带着疼痛训练等于进行了改变了训练模式。学会和强化不正确的训练模式会夺走运动员的最佳表现，更可能使他们造成永久性的伤痛。这就是为什么我们说训练会伴随痛苦，但不是带着疼痛训练。每次训练后传达的信息都是这样的：无痛训练！

良好的控制

正确的训练、良好的控制，对于适当开展训练进程是必不可少的，而不是可有可无。有充足的原因证明正确的训练是必要的。从运动表现视角来看，正确的训练使肌肉和肌肉系统协同运动产生力，可以将力更多地转化为强度和力量。当肌肉通过更加协调的方式工作时，身体可以产生更多的力量，而付出的努力较少。正确的训练也在更多的肌肉系统上更好地分配力量。这意味着没有某个关节或结构需要过量负荷，避免了在具体身体部位上的大量磨损和撕裂，比如膝盖。良好的训练质量也可以帮助预防损伤，大大减少非接触性损伤，例如前交叉韧带（ACL）撕裂等。

稳定地进步

传统意义上，进步就像是一个运动员可以举起不断增加的重量。然而，进步有很多形式。更少的痛苦，更快的运动，更大的负荷，更好的体能都是进步的表现形式。如果我们从功能性的角度看训练，对于进步的看法更少的是客观量化，而更多的是主观评估。而这些都很难写在纸上：稳定性如何通过单腿手臂前伸得到改善，身体如何通过T型俯卧撑的旋转变换提高硬度，或是骨盆和脊柱如何通过弓步摸脚得到协调改善。然而，所有这些都代表了进步和改善，都会带来运动成绩的提高。

欲速则不达，进步的关键是耐心和循序渐进。大多数运动员和教练都同意这一点，但很少有人会真正付诸实践。我敢说，在功能性训练中最大的错误就是把它当成普通训练，缺乏循序渐进的过程，这往往是由于缺乏耐心而导致的。体能教练、专项教练甚至运动员总是想提前进入更高级的训练或开始更大的负重。但是，不能很好地控制进程，前进得太快，实际上是减慢了进程，使运动员不能获得足够好的训练质量。例如，现在每个人都想做单腿手臂前伸，却没有花足够的时间训练交错站立的手臂前伸。完美地执行20个交错站立的手臂前伸，相比做10个质量不高的单腿手臂前伸，可以得到更好的训练成果。因此，要取得稳步进展，应该在大量基础练习的训练质量不错的前提下再往上进阶。

控制功能性训练的强度

了解如何在训练中采取进阶和退阶练习后，我们就能完美地将训练强度与运动员的能力匹配起来。可以用一些简单的技巧来确定训练强度的进阶和退阶，以匹配运动员的能力。这些技术的使用环境、物理力学规律，以及如何增加或减少训练负荷和强度，在本书的前面有所讨论。下面让我们来看一些实际的调整，这些调整可以让训练变得更合理。

控制运动速度

改变运动的速度可以改变任何训练的强度。一般来说，运动越快，难度越大。这是因为需要增加额外的动力来降低速度所产生的势能。尤其是爆发力运动，比如跳跃。自重跳跃在起跳和降落时比自重下蹲需要更大的力。

但是，速度在一些力量训练中起到另一种作用。减慢训练速度可以增加此强度下的训练时间，扩大成果，同时增加训练强度。例如，如果运动员可以快速执行10次引体向上，减慢速度，数3下拉起身体，数3下降下身体，可以提高训练成果，并将重复次数改为4或5次。

控制力臂

力臂就是练习时施力点到固定点的距离（参见图3.1）。力臂越长，负重越大，练习难度越大。

力臂最常见的用途是在功能性训练中作为变量因素，这可在俯卧撑这种运动中看到。贴近地面的完全俯卧撑比用双手扶在健身椅上的俯卧撑更难，也比用双膝代替双脚支撑的俯卧撑更难（参见图3.2）。这是因为地面俯卧撑的力臂最长，就是从双脚（固定点）至肩部（最远端）的距离最长。同样的道理也适用于飞鸟与健身椅仰卧推举的对比，以及侧平举与肩推的对比。

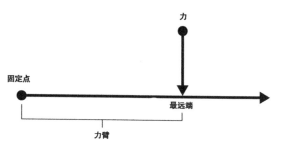

图3.1 力臂。

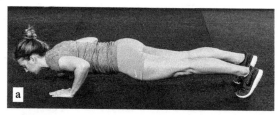

图3.2 俯卧撑和力臂：（a）贴近地面的完全俯卧撑；（b）重型健身椅上的俯卧撑；（c）地面俯卧撑变体，膝盖支撑。减少力臂使俯卧撑训练变得更容易。

控制支撑基础

控制支撑基础可以大大改变练习的强度。增加支撑基础，可以提供更好的稳定性和平衡性，减少稳定点的负重和移动难度。减少支撑基础，会在支撑结构上施加更大的压力。例如，相比双腿肱二头肌屈臂，执行单腿交替肱二头肌屈臂要求更好的重心和髋部稳定性，以便保持7型框架。因为平衡的需要，哑铃移动速度更慢，使肱二头肌更长时间的保持紧张（即更好的增加刺激）。

减少支撑基础（从四点姿势改成三点姿势），同时增加了其他支撑结构的负重，例如三点俯卧撑（参见图3.3）。在三点俯卧撑中，不仅在支持手臂上可以看到更大的负重，而且重心也改变了，必须避免身体转动或垮塌。

希望这些关于教学方法和进阶方式的信息能让大家明白，教练对于运动员的发

展和安全是何等的重要。为
什么不是任何人都能当教练
是有原因的！作为教练，需
要接受很多教育，学会系统
的方法，有耐心，讲原则，
能够在正确的时间提供正确
的指导，从而使运动员的
运动成绩不断进步。由于功
能性训练比其他形式的力量
训练（如使用器械和徒手）
都更具指导性，所以教练指
令、循序渐进和执行都特别
重要。

图3.3　三点俯卧撑对肩部稳定性有更高的要求，不仅训练了支撑的手臂，还进一步锻炼了核心稳定控制能力。

控制动作幅度

调整练习的动作幅度可以极大地改变动作难度和训练强度。更大幅度的动作，尤其是慢速的、受控的运动中的移动，势能对产生移动并不重要，需要更多的作功和更强的控制。比如在手臂前伸和单腿下蹲的训练中可以看到：相比伸手向前至膝盖，伸手向前碰脚更难；相比单腿半蹲，单腿深蹲更难。仅仅是增加几英寸（1英寸等于2.54厘米，余同）的深度或范围，就可以将初级练习转变成高级练习。在强度上，可以将从初级到中级的转化看作一个金字塔，有一些组合是在最高级别的强度上执行的，有一些组合是在中等级别的强度上进行的，其他的是在最容易的强度级别执行的。

要想调整一些简单练习，使之从初级进阶至高级，那么增加几英寸的移动是一个很棒的方案。训练时可使用不同的运动分组：在团队训练时，这种改变至关重要；在私人训练时也是如此，根据客户的能力区分，有时两人一起训练，有时组成小组一起训练。

其他操作策略

还有其他退阶或进阶功能性练习强度的办法。最明显的是增加外部的阻力，例如使用哑铃、药球、弹力带或拉力器，从而增加训练强度。增加移动，例如在某个练习（如弹力带推举、弹力带划船）中增加上台阶动作和转动，也可以增加训练强度。增加刺激，例如震动平台或振动杆，也可以增加下蹲和手臂前伸等练习的难度。震动可以增加不稳定性和额外的本体感受，从而增强肌肉和肌肉系统间的通信。通信提高后，可以通过具体的功能性练习转化成功能。但是，震动并不是功能性训练的免费入场券。必须出于具体的原因使用震动，其中一些内容超出了本章的范围。

其他控制功能性训练强度的策略包括向在目标指定的具体三维动作平面内运动，或使用具体的驱动来推进期望的移动模式。例如，单腿手臂前伸可以通过变成向同侧前方伸手得到增强，也叫作ABC模式。在运动员前伸去碰稳定脚的内侧和外侧的时候，此模式迫使髋部做出更大的旋转。

运动模式评估

现在做运动评估的很多。尽管一些评估形式是必要的，可以确定运动员处在哪一个功能性阶段，但是功能评估也因此变得过于复杂，很少能够为运动员和教练以及体能教练提供有意义的培训信息。一些运动评估系统中有一些与执行质量相关的数字，用来提供数字化的评分参考。

我还没有发现哪一种运动的评估能正确地预测和评估运动表现或容易损伤的程度。斯图·麦吉尔博士是脊柱稳定性的世界顶级权威研究者之一。他已经研究了当前的这些评估，并得出了类似的结论。此外，许多这些评估使用非功能性的姿势（如过顶深蹲），试图从这些姿势推断功能信息。在我看来，使用过顶深蹲这样的测试评估身体功能，相当于使用一个体操运动员的吊环十字支撑动作来评估肩关节功能。虽然在可用的系统中，一些评估技术可能对收集相关的运动进程信息是有用的。但迄今为止，我看到的所有系统，没有一个系统包含我需要的一切。因此，我创造了我自己的评估系统。

我用类似面试的方法来评估运动员在运动程度上处于什么位置，就好像面试一个人是否适合一项工作一样。不会具体地预测运动表现或损伤，所有的动作与特定的功能或此功能的相关训练有关。在我的评估方法中，动作（即评估）就是训练，训练就是动作。我不关心改善是通过学习动作得到的，还是通过获得能够提高运动质量的力量得到的，有时，这些因素本质相同，合二为一。

我已经选择了八项基本练习来评估和训练人体运动的四大支柱，因此这也称之为四大运动动作。这样的培训方式提供了持续的评估，持续的评估提供了持续不断的运动，运动表现因此能够不断增强。每一组练习、每一次重复这些练习都是一个机会，可以评估某个支柱，同时也提高了这一支柱。针对这八个进程中的每一个进程，我都提供了练习目的、作功的肌肉、动作说明，以及各个角度（即前、后、侧面）的动作指导要点。我还介绍了在实践中因为一些普遍原因导致的常见错误和解决错误的纠正性练习。最后，我提供了一个实在的目标，帮我们打好基础，以便将来持续执行你的功能性训练计划。

第一个用来纠正偏差的练习向我们展示了什么是偏差。简单地使用操作策略，可以采用退阶练习强度，消除偏差，并用正确的形式重复练习。最终身体就会习惯于正确的形式。随着运动质量的提高，更多力量得到发挥，曾经很难的进阶过程会变得易于执行。

免责声明

这个评估过程也是一个极好的指导工具，可以用来评估或指导任何其他功能性运动。然而，这不适合评测骨科的肌肉或骨骼问题。如果你有任何疼痛、不适或其他问题，请不要应用此评估，立即停止，寻求骨科专家、物理治疗师的帮助，进行完整的生物力学评估。

单腿CLA手臂前伸

单腿对侧手臂（CLA）前伸是用来提高和评估位移的最流行的练习。此练习训练了单腿腘绳肌、臀大肌和脊柱旁肌肉的协调性。对于训练腘绳肌伸展髋部和控制膝盖的弯曲和伸展非常有效。这些动作，在跑步的提高阶段会出现。单腿的姿势还提供了7型框架的髋部稳定性，这在任何的位移技能中都非常重要。

平衡左腿，抬起右手。以髋部为铰链，尽量向下伸，注意使用良好的控制（参见图3.4）。初级者可以伸到膝盖水平，中级运动者可以伸到小腿水平。伸到脚面的水平对于任何人来讲都是一个挑战。

从前面看，这是一个7型框架的姿势，由稳定的髋部构成。注意髋部、膝盖和脚

图3.4　单腿CLA手臂前伸：（a）前视图；（b）侧视图；（c）后视图。

呈直线，髋部是稳定的，且与地面平行（即，创造一个7型框架）。从侧面看，是一个平面，稳定的脚和轻微弯曲的膝盖在脚面上呈一条直线。大部分运动从担任铰链的髋部发出，同时保持膝盖轻微弯曲。背部是直的或轻微弯曲，这样可以保证运动通常是无痛苦的。从后面看，肩部和髋部在整体运动时保持水平。

主要错误

- 膝盖向内扣说明腘绳肌、臀大肌和脊柱旁的肌肉弱。
- 脚跟抬起说明小腿、腘绳肌、臀大肌和脊柱旁的肌肉弱。
- 髋部前倾（从侧视图）或左右摇摆（从后视图）说明腘绳肌、臀大肌和脊柱旁的肌肉弱。

纠正性练习

如果臀大肌、腘绳肌和脊柱旁的肌肉弱，执行以下操作：

- 单腿下蹲；
- 所有的弓步（传统和手臂前伸弓步变体）；
- 所有的硬拉和复合式划船变体，使用哑铃、杠铃、弹力带或拉力器；
- SB臀桥、SB腹背伸展运动和SB反向腹背伸展运动。

如果小腿弱，执行以下操作：

- 所有的行军走练习；
- 45度小腿蹬伸。

基础目标

每侧腿重复执行10次，用时在15秒之内，不要让自由腿接触地面。

负重单腿CLA手臂前伸

此练习可以使用哑铃、弹力带或拉力器增加负重，使之成为开发力量的完美教程。

单腿下蹲

与单腿CLA手臂前伸类似，单腿下蹲是一项基础练习，用来提高7型框架和单腿活动的各个方面的能力，尤其是在奔跑时单脚支撑地面、力量传至地面时的能力。不同于单腿CLA手臂前伸，单腿下蹲更多地使用膝盖弯曲，增加了股四头肌的用力。

平衡右腿，同时左腿向后抬以便保持反向稳定。双手可以放在髋部或伸至前面保持平衡。从脚踝、膝盖和髋部等量弯曲，自由腿的膝盖缓慢向下，同时保持控制（参见图3.5）。

从前面看，是一个7型框架，由稳定的髋部和保持良好的膝盖组成一条直线。注意髋、膝、踝呈一条直线，髋部是稳定的且与地面平行（创造出一个7型框架）。从

图3.5 单腿下蹲：（a）前视图；（b）侧视图；（c）后视图。

侧面看，是一个平面，脚部稳定，脚踝、膝盖和髋部等量弯曲。背部运动时保持挺直，且运动是无痛的。从后面看，肩部和髋部在整体运动时保持水平。

主要错误

• 膝盖向内扣说明腘绳肌、臀大肌和脊柱旁的肌肉弱。

• 脚跟抬起说明小腿、腘绳肌、臀大肌和脊柱旁的肌肉弱。

• 髋部前倾（从侧视图）或左右摇摆（从后视图）说明腘绳肌、臀大肌和脊柱旁的肌肉弱。

纠正性练习

如果臀大肌、腘绳肌和脊柱旁的肌肉弱，执行以下操作：

• 单腿CLA手臂前伸；

• 所有的弓步（传统和手臂前伸弓步变体）；

• 所有的硬拉和复合式划船变体，使用哑铃、杠铃、弹力带或拉力器；

• SB臀桥、SB腹背伸展运动和SB反向腹背伸展运动。

如果小腿弱，执行以下操作：

• 所有的墙侧行军走练习；

• 45度小腿蹬伸。

基础目标

每侧腿重复执行5次，膝盖弯曲90度或做1个完全下蹲（后膝碰到地面，同时足部与地面接触）。

负重单腿下蹲

此练习可以使用哑铃或药球增加负重，使之成为开发力量的完美教程。

自重双腿下蹲

下蹲是基础练习，可以提高水平改变和上举机制的各个方面。非常适合用来开发下半身和后部核心肌肉系统。

双脚分开比肩略宽。双手放在头后，也可放在髋部，或前伸以保持平衡。保持背部挺直，开始下蹲时使用髋部为铰链，从脚踝、膝盖到髋部均等弯曲（参见图3.6）。

从前面看，肩部、髋部、膝盖和双脚构成了一个A型框架。注意髋部、膝盖和双脚呈直线，髋部和肩与地面平行。从侧面看，也是一个平面。双脚保持稳定，脚踝、膝盖、髋部的弯曲程度相等。在运动中背部保持一条直线。运动过程保持无痛状态。从后面看，肩部和髋部在整体运动时保持水平。

图3.6　自重双腿下蹲：（a）前视图；（b）侧视图；（c）后视图。

主要错误

• 膝盖向内扣说明腘绳肌、臀大肌和脊柱旁的肌肉弱。

• 脚跟提起说明小腿、腘绳肌、臀大肌和脊柱旁的肌肉弱。

• 髋部前倾（从侧视图）或左右摇摆（从后视图）说明腘绳肌、臀大肌和脊柱旁的肌肉弱。

纠正性练习

如果腘绳肌、臀大肌和脊柱旁的肌肉弱，执行以下操作：

• 单腿下蹲和单腿CLA手臂前伸；

• 所有的弓步（传统和侧弓步变体）；

• 所有的硬拉和复合式划船变体，使用哑铃、杠铃、弹力带或拉力器；

• SB臀桥、SB腹背伸展运动和SB反向腹背伸展运动；

• MB ABC下蹲。

如果小腿弱，执行以下操作：

•45度墙侧行军走或跑步练习；

•45度小腿蹬伸。

基础目标

执行20个平行下蹲，用时20秒，确保第二天没有延迟性肌肉疼痛（DOMS）。如果运动基础比较好或者初学者愿意，可以做3组下蹲，每组20下，组间休息2分钟，确保第二天没有发生延迟性肌肉疼痛。

负重双腿下蹲

此练习可以使用杠铃、哑铃、壶铃或药球增加负重，使之成为开发力量的完美教程。

自重交替弓步

因为速度、交替模式和较大的离心动作过程等构成因素，传统交替弓步是大多数人所接受的中级进程。对于不能执行此进程的人，分腿蹲或重复单侧弓步是一个很好的开始，之后可以进阶至交替弓步。传统弓步不仅增强了7型框架，拉伸了后腿的髋部屈肌，还要求身体在重心平面改变的同时减速工作。

从双脚站姿开始，双脚平行，一脚向前跨一大步，弯曲膝盖，使身体低向地面，以分腿下蹲姿势结束（参见图3.7）。然后，前脚蹬地，向后撤回，直至恢复站姿。

从前面看，构成A型框架：正确的脚部姿势、膝盖、髋部和肩部呈一条直线，髋部和肩部完全与地面平行。从侧面看，前胫骨始终保持垂直，后腿膝盖与髋部和肩呈一条直线，并始终在髋部和肩部的后面。从后面看，肩部和髋部与地面平行。避免任

图3.7　自重交替弓步：（a）前视图；（b）侧视图；（c）后视图。

何可能引起膝盖或下背部疼痛的动作幅度。

主要错误

• 前面的膝盖向内扣说明臀大肌、腘绳肌和脊柱旁的同侧肌肉弱。

• 前脚脚跟抬起说明小腿、臀大肌、腘绳肌和脊柱旁的同侧肌肉弱。

• 髋部左右摇摆（从后视图）说明臀大肌、腘绳肌和脊柱旁的肌肉右侧或左侧肌肉。

纠正性练习

如果臀大肌、腘绳肌和脊柱旁的肌肉弱，执行以下操作：

• 所有的弓步；

• 所有的单腿练习；

• 所有的硬拉和复合式划船变体，使用哑铃、杠铃、弹力带或拉力器；

• SB臀桥、SB腹背伸展运动和SB反向腹背伸展运动；

• MB ABC下蹲。

如果小腿弱，执行以下操作：

• 45度墙侧行军走或跑步练习；

• 45度小腿蹬伸。

基础目标

执行20次交替弓步（每侧腿做10次），时间是30秒，确保第二天没有任何延迟性肌肉疼痛。如果运动基础比较好或者初学者愿意，可以做3组下蹲，每组20次，组间休息2分钟，确保第二天没有发生延迟性肌肉疼痛。

负重交替弓步

此练习可以使用杠铃、哑铃、壶铃或药球增加负重，使之成为开发力量的完美教程。

自重俯卧撑

自重俯卧撑是功能性训练中的基础推力练习。用来训练肩部稳定性、上半身力量、核心稳定性和拉伸髋部屈肌有很好的效果。

开始时，双手扶在地面上，位于双肩之下，手臂伸直，双脚脚趾立在地面上。准备好之后，弯曲双肘，降低身体水平高度，保持良好技巧（参见图3.8）。伸直手臂回复至起始位置。

从前面看，肩部在运动中是平行的，肩胛骨不要上下摆动。从侧面看，背部是一个平面，髋部与肩部呈一条直线，下背部不要下塌。如果前部重心弱导致背部下沉，可以使用健身凳或其他坚固结构，增强手部支撑，缩短力臂，减少身体执行俯卧

图3.8　自重俯卧撑：（a）前视图；（b）侧视图；（c）后视图。

撑时所需的重量。掌握了这种有辅助器材的自重俯卧撑技巧并能很好地进行控制之后，逐渐将俯卧撑降低至地面。如果腕部、肩部或肘部在做俯卧撑时疼痛，尝试增强手部支撑或使用俯卧撑抓握器进行无痛练习。

主要错误

- 髋部下坠（核心崩塌）说明腹肌和髋部屈肌弱。
- 髋部上抬说明腹肌和髋部屈肌弱。
- 肩胛骨摆动（肩胛骨崩塌）说明推的时候肩部稳定性弱。

纠正性练习

如果腹肌和髋部屈肌弱，执行以下操作：

- 所有的弓步；
- 所有的平面支撑和俯卧撑变体；
- BP交错站立交替推举；
- 所有的抬膝变体；
- V型举腿。

如果推的时候肩部稳定性弱，执行以下操作：

- 所有的平面支撑变体；
- 所有的俯卧撑变体；
- 所有的BP推举变体。

基础目标

完成15~20次完美俯卧撑。

负重俯卧撑

此练习可以增加更多难度，可以在不稳定的表面上进行，比如使用瑞士球或两个药球，或改成单手俯卧撑。

斜拉（划船式）

斜拉侧重于上背部肌肉和前部重心的稳定性。斜拉可以增强肩部下拉的稳定性，同时锻炼前部肌肉系统的核心稳固度，还能很好地锻炼抓握力量以及肱二头肌的力量。

抓住横杆或悬吊器材，例如SBT系统或绳子。向后靠，身体从肩至脚踝呈一条直线。在缩回肩胛骨的同时，将髋部向上推，引体向上，将胸部拉向双手（参见图3.9）。控制下降运动，直至手臂拉直。在整个运动中保持肩部收紧。

阻力根据身体姿势的不同而不同。拉之前身体越直，练习越容易完成。身体重心越低向地面，阻力就会越明显增加。

从前面看，可以看到身体呈一条直线，手臂的位置是对称的。从侧面看，身体应该是直的。落地时，不能弯曲身体突出髋部。从后面看，肩胛骨应该收回，而且在整个运动过程中处于收紧状态。

图3.9 斜拉（划船式）：（a）前视图；（b）侧视图；（c）后视图。

主要错误

• 落地时翘臀（重心崩塌）说明腘绳肌、臀大肌和脊柱旁的肌肉弱。
• 两侧肩胛骨分离（肩胛骨崩塌）说明上拉时肩部稳定性弱。

纠正性练习

如果臀大肌、腘绳肌和脊柱旁的肌肉弱，执行以下操作：

• BP复合式划船；
• SB臀桥；

• SB腹背伸展运动和SB反向腹背伸展运动；

• 45度背部伸展；

• BP硬拉。

下拉时如果肩部稳定性较弱，执行以下操作：

• 所有的BP划船；

• 所有的哑铃和壶铃划船；

• BP游泳式。

基础目标

执行15～20个完美斜拉（划船式），身体呈45度角。

高级斜拉（划船式）

此练习可以增加更多难度，执行时使用多样的手柄，直到进阶至单臂下拉。

绕轴旋转

绕轴旋转是用来开发髋部转动能力的基础练习之一，也是第四支柱的一部分。此练习可以用来评估和增强髋部运动性，尤其是内旋动作。将此练习放入热身中也很不错。绕轴运动可以增加到许多练习中，例如DB交替肩上推举或DB交替屈臂弯举，来增加髋部转动部分。

开始时，双脚分开与肩同宽，手臂前伸手掌相对。向右转，双手转到右侧，同时以左脚为轴转向右侧（参见图3.10）。转向中心，然后向左侧重复。

从前面看，中轴脚的脚趾和膝盖应该指向中轴脚前方。如果中轴腿的膝盖朝外，就会限制转动腿的运动范围，静止的腿的膝盖和脚趾应该保持指向前方。

图3.10　绕轴旋转：（a）右侧；（b）左侧。

主要错误

• 在重量从右至左转移时缺乏协调说明缺乏身体协调性。

• 如果静止腿的脚趾和膝盖（非轴腿）指向外侧，说明臀大肌在非轴侧旋转平面较弱。

纠正性练习

如果绕轴旋转时缺乏身体控制，执行以下操作：

• 做完全绕轴旋转，从一侧开始，然后至另一侧；

• 不要做交替绕轴旋转。

如果旋转平面的臀大肌较弱，执行以下操作：

• BP低至高砍削；

• DB或KB侧弓步；

• MB短对角线砍削；

• DB或KB交叉绕轴过头推举。

基础目标

执行20次交替重复（每侧10次），静止腿的膝盖或脚踝不要向外转动。换句话说，向内旋转髋部时，不要旋转同一侧的膝盖或脚踝（即纯粹的髋部内旋）。

负重绕轴旋转

此练习可以通过弹力带或拉力器增加阻力，或手持较重的器材，例如重量片或药球以增加更多难度。

无轴旋转

无轴旋转是功能性基础练习之一，可以开发核心稳固度和重心在髋部与肩部之间传递力量的能力，也可以用来评估和增强核心稳固度，核心稳固度对从髋部向肩部传递力，尤其是在转动活动中传递力是非常重要的。

双手在身体前方伸出，手掌相对，手臂伸直。从头开始，两脚相距与肩同宽，脚趾向前，髋部保持不动，核心收紧，手臂伸直，两肩相对。想象正站在时钟的中心，头朝12点钟方向。向左移动双手至10点钟方向（参见图3.11），然后向右移动至2点钟方向，不要移动双脚或髋部。动作保持轻快和流畅。

从前面看，确定脚和髋部没有与双手和肩一起移动。

主要错误

如果髋部抖动或者用肩部带动手臂移动，说明核心不够稳固。

图3.11 无轴旋转：（a）10点钟方向；（b）2点钟方向。

纠正性练习

如果缺乏核心稳固度，执行以下操作：

- 所有的平面支撑；
- 所有的俯卧撑变体；
- 所有的BP砍削和短距离抢动变体；
- 所有的BP推举和划船。

基础目标

- 用较快的速度执行此练习20秒，不要让髋部抖动；
- 执行任何短距离转动10点钟至2点钟方向，不要让髋部抖动。

负重无轴旋转

此练习可以增加更多难度，比如通过弹力带或拉力器增加阻力，或手持较重的器材，例如重量片或药球。

小结

本章为正确地学习和执行功能性训练进阶打下了基础。根据四大支柱理念，正确地执行基本的进阶，不仅可以帮助我们进行功能评估，也为正确地学习本书的练习打下基础。接下来的章节为功能性训练动作练习提供了更多选择，拓展了本章所介绍的八个基本训练进程。

第二部分

动作练习

第 4 章

精要性练习

现在进入本书中最令人期待的部分：动作练习。这一章中包含了排名前三位的功能性训练方式：自重、弹力带和拉力器，以及哑铃和壶铃。对于每种训练方式，本书提供的是最普遍和最有效的练习动作，以及功能性训练的最佳实践方案。每项训练中都包含图片来解释如何动作和练习的细节，以及辅助正确实施动作的相关说明。

在前面的章节中，我们讨论了在评估和训练四大支柱中采用的八种自重练习（也就是八项基本练习）。八项基本练习也是本书中所有其他练习的一个初级阶段。掌握好这八项基本练习对于有效学习本书中的其他练习并正确实施动作至关重要。

在进行本书中的练习时，最重要的规则是要坚持无痛练习。疼痛是确保我们安全的最佳伙伴；远离压力、不适或疼痛，你可以避免很多麻烦。下一条规则是要采用一种受控的、谨慎的方式来进行所有练习。一旦掌握一项练习，就要实施更动态的或更困难的版本。训练中最大的错误就是在没有掌握好一个动作前就进入一个更高级的阶段。不要心急，要将注意力集中在如何正确地实施动作，慢慢地，负重和速度就会自然提升。

自重

在增加速度或者对身体进行外部负重之前，需要确保正确的身体姿势并能够控制。这就是为什么自重是最需要掌握的训练方式。最好能够适当地了解一下身体结构，然后将从自重训练中学到的生物力学机制应用到所有其他训练方式中。在本节中，你会认识到八项基本练习的一些自然进阶练习（参见第3章），增加速度，增加运动幅度，多个运动平面，以及减少支撑基础。

上台阶

细节和益处

• 这是一项适用于所有单腿运动的基本练习。

• 锻炼7型框架中髋部稳定性和髋部伸展性。

• 提高跑步速度并防止腘绳肌损伤。

• 可以通过调节台阶高度来调整难度，台阶高度越高，练习难度越大。

• 起始的台阶高度应该以踏上去时后腿不必离地为宜。

起始位置

• 站于地面，台阶或箱子放在前面。

• 右脚平放在台阶或箱子上（参见图4.1a）。

动作

• 仅右脚用力，与左脚一起踏上台阶或箱子（参见图4.1b）。

• 仅右脚用力，与左脚一起踏回地面。

• 不要用左脚蹬地。

• 按照规定的重复次数或时间来上下台阶，两条腿交替进行。

图4.1 上台阶：（a）起始位置；（b）踏上箱子或台阶。

负重上台阶

此练习可以使用哑铃或药球增加负重。

单腿蹬地

上台阶练习可以用单腿蹬地的方法爆发式进行，这是一种很好的力量锻炼方式，也是对分腿跳的补充。将右脚放在台阶或箱子上，进行爆发式上台阶，通过伸展进行发力，直到整个身体悬空。不要用左脚蹬地。右脚放在箱子上，左脚踩在地上。右脚重复蹬地动作，直到达到规定的次数或时间，两条腿交替进行。

原地高抬腿

细节和益处

• 是单腿CLA手臂前伸的高级进阶动作。

• 锻炼7型框架髋部稳定性。

• 锻炼提高跑步速度，防止腘绳肌损伤。

起始位置

• 左脚着地，左膝弯曲大约20度，呈预备跑步姿势。

• 右腿后移，肩膀向前倾斜。

• 手臂呈跑步姿势，右臂朝前，左臂朝后，肘部弯曲90度（参见图4.2a）。

动作

• 伸展身体，左臂朝前，右臂朝后。

• 当手臂移动的时候，右膝向前，右脚提起。采用"提膝，抬脚"姿势，达到最高跑步位置（参见图4.2b）。

• 当运动到顶端的时候，应该用左脚趾肚站立，左膝完全伸展直立（参见图4.2c）。右膝上提，右脚上提，左臂向前，右臂向后，双肘弯曲90度。

• 返回起始位置，然后重复进行。

图4.2　原地高抬腿:（a）起始位置；（b）中间位置；（c）运动最高处。

单腿旋转蹲

细节和益处

- 是比第3章中单腿下蹲的更高级的多维度运动。
- 更好地锻炼单腿旋转控制能力，防止ACL损伤。

起始位置

- 左脚着地，左膝微弯。
- 抬起右腿，大腿与地面平行，右脚朝上（参见图4.3a）。
- 手臂放在舒适的位置，帮助保持平衡（例如，放在髋部上面）。

动作

- 左膝向前，左腿承重下蹲，此时将右膝向右旋转，直至指向身体右侧（参见图4.3b）。
- 向外旋转左髋，此时左膝保持指向前方的姿势。
- 两侧身体交替进行。

图4.3　单腿旋转蹲：（a）起始位置；（b）下蹲并旋转右膝。

平面支撑

细节和益处

• 俯卧撑练习的先决条件。

• 更好地锻炼核心稳固度和肩部稳定性。

起始位置

• 假设当前处于稳定的俯卧撑位置，用双手和脚趾肚支撑保持平衡（参见图4.4）。

• 可以在柔软的表面上进行这项练习，以保护肘关节。如果手腕有问题，也可以使用俯卧撑手柄。

动作

• 在预定的时间内保持姿势不动。

• 确保下背部不会过度伸展。

• 确保肩胛骨保持水平而不是呈翼状。

图4.4　平面支撑。

侧身T型平面支撑

细节和益处

- 所有俯卧撑练习的先决条件。
- 更好地锻炼核心稳固度和肩部稳定性。

起始位置

- 假设当前处于稳定的俯卧撑位置，用双手和脚趾肚支撑保持平衡。
- 向左旋转，用右手保持平衡，同时保持左脚内侧和右脚外侧水平置于地面。左臂上抬，指向天花板，形成一个侧向T型（参见图4.5）
- 可以在柔软的表面上进行这项练习，以保护肘关节。如果手腕有问题，也可以使用俯卧撑手柄。

动作

- 在预定的时间内保持姿势不动。
- 确保运动过程中重心不下沉或倒塌。
- 双侧交替运动。

图4.5　侧身T型平面支撑。

单臂离心俯卧撑

细节和益处

• 单臂和MB交叉俯卧撑的先决条件。

• 增强胸部上侧、肩部和核心力量的高级锻炼。

起始位置

• 假设目前处于俯卧撑位置，使用双手和脚趾肚支撑保持平衡。

• 抬起左臂离开地面，用右手采用三点平面支撑保持平衡（参见图4.6a）

• 如果手腕有问题，可以使用俯卧撑手柄。

动作

• 弯曲左肩和肘部，缓慢下降身体，直到胸部接触地面（参见图4.6b）。动作越慢越好。

• 双手回位，返回四点平面支撑位置。再次采用左臂进行平衡，重复离心俯卧撑运动。

• 两侧身体交替进行。如果要提高训练强度，可以先用右手进行练习，直至完成规定训练数量，然后再用左臂支撑。如果想降低训练强度，可以交替使用两侧手臂，用右臂进行一次支撑，然后再用左臂，重复至规定次数。

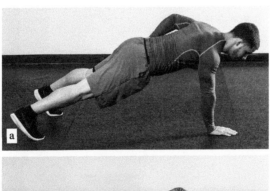

图4.6 单臂离心俯卧撑：（a）三点平面支撑的起始位置；（b）下降身体。

T型俯卧撑

细节和益处

•俯卧撑更高级别的训练动作,将传统俯卧撑与侧向平面支撑结合在一起。

•锻炼肩部稳定性和旋转重心的稳固度。

起始位置

•假设处于一个稳定的俯卧撑位置(参见图4.7a)。

•用双手和脚趾肚支撑保持平衡。

动作

•弯曲肘部,下沉身体,直到胸部与地面之间的距离只有几英寸(参见图4.7b)。

•伸展手臂,上推,同时向右旋转,用左手保持平衡,将右脚内侧和左脚外侧水平放在地面上。右臂向上指向天花板,形成一个侧方位的T型(参见图4.7c)

•转回到左侧,右手放在地板上面,向左旋转,用右手保持平衡,保持左脚内侧和右脚外侧水平放在地面上。左臂向上抬起,指向天花板,呈侧方位T型。继续进行,两侧交替。

•如果手腕有问题,可以采用俯卧撑手柄。

图4.7 T型俯卧撑:(a)起始位置;(b)下降身体;(c)上推并旋转。

双臂屈伸

细节和益处

- 俯卧撑和平面支撑的更高阶锻炼。
- 锻炼肩部稳定性和胸部附近肌肉的灵活性，增强肱三头肌的力量。

起始位置

- 站在箱子或其他牢固结构上，身体位于两个与肩同宽的双杠之间。
- 双手放在双杠上面，牢牢地抓住双杠。
- 向上起跳，双脚离开箱子，利用双杠稳定并平衡身体，双臂完全伸展（参见图4.8a）。

动作

- 保持核心收紧，略微向前倾斜，弯曲肘部和肩膀，直至胸部与双手之间的距离大概只有几英寸（参见图4.8b）。
- 当屈曲到底部的时候，伸展双臂，上提，直到双臂完全伸展。
- 重复双臂屈伸的动作。

负重双臂屈伸

可以使用负重带增加杠铃片或哑铃来进行负重练习。

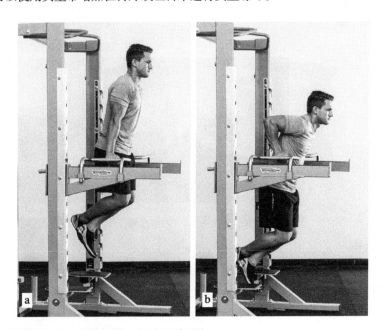

图4.8 双臂屈伸:（a）起始位置;（b）双臂屈伸。

X型上举

细节和益处

• 平面支撑和俯卧撑的动态进阶练习。

• BP高至低砍削动作的补充练习。

• 锻炼对角线的核心肌肉架构，对于球员和搏击运动员非常有用。

起始位置

• 背部平躺在地板上，打开呈X型，双臂和双腿向两侧伸出，双腿张开，双脚在整个练习过程中指向外侧。

• 在进行移动以稳定下背部之前，先支撑好重心。

动作

• 同时举起右手和左脚，右手能够接触到左脚的足弓处（参见图4.9a）。

• 举起右臂和左脚，然后是左臂和右脚，交替进行（参见图4.9b）。

• 双臂和双脚应保持伸展状态，双脚在整个X上举运动中朝向外侧。

图4.9 X型上举：（a）右手左脚；（b）左手右脚。

V型上举

V型上举是X型上举的常见变型，更加注重同步性和矢状面的移动。平躺在地上，面朝上，双手举过头顶，双脚并拢。同时弯曲髋部，将双臂靠近双脚，位于髋线上侧，然后返回到伸展位置。在整个练习过程中，双臂和双手应该完全伸展。

45度小腿蹬伸

细节和益处

• 标准健身提小腿动作的专项速度版本。

• 锻炼脚踝强度，达到最理想的跑步速度。

起始位置

• 站在一堵墙前面。

• 双手放在墙上，双臂伸展。身体45度前倾，用右脚趾肚保持平衡。

• 膝盖和脚向上抬，到跑步位置（参见图4.10a）。

动作

• 保持手臂和核心稳定，小幅度抖动脚踝，脚跟不要接近地面（参见图4.10b）。

• 在规定的时间内进行双侧练习。

图4.10　45度小腿蹬伸：（a）起始位置；（b）抖动脚踝。

45度扶墙跑

细节和益处

- 45° 小腿蹬伸的自然进阶。
- 锻炼爆发力加速所需的移动核心位移姿态和脚踝韧度。

起始位置

- 站在墙前面。
- 双手放在墙上，双臂伸展。身体45度前倾，用右脚趾肚保持平衡。
- 将左膝和左脚提起到跑步位置（教学提示："提膝，抬脚"）（参见图4.11a）。

动作

- 双臂伸展，在整个运动过程中保持核心稳固。
- 进行快跑运动，左脚蹬地的同时，抬起右膝和右脚（教学提示："提膝，抬脚"）（参见图4.11b）。
- 双脚必须落于地面同一点，防止身体角度失衡。
- 保持脚踝稳定，脚跟始终保持在悬空状态。
- 按照规定的重复次数或者时间内完成动态跑步动作。

图4.11 45度扶墙跑：（a）起始位置；（b）跑步位置。

纵跳

细节和益处

• 自重双腿下蹲的自然进阶，也是MB反身投掷（插入"P122"）的补充。

• 对三重伸展和纵跳所需的髋部力量十分有益。

起始位置

• 直立。

• 双脚分开，与肩同宽（双脚脚尖可以微微朝向外侧）。

• 双手可以置于头后（停房姿势）或者髋部上（参见图4.12a），或两侧自由移动以便于反向用力。

动作

• 弯曲膝盖和髋部，下蹲（参见图4.12b）。尽量深蹲以便于反向运动（下蹲深度取决于弹跳力和肌肉强度）。如果双臂往相反方向，那么应该在负重位置底部处返回。

• 向上进行爆发性纵跳，身体完全伸展，并且悬空（参见图4.12c）。如果使用双臂推动，在跳跃时将双臂举过头顶。

• 下落时，双脚缓冲轻轻着地。

图4.12　纵跳：（a）起始位置；（b）下蹲；（c）跳跃。

蹲跳

蹲跳是纵跳的一种形式，重复进行跳跃，在连跳之间没有休息。这对锻炼爆发力耐力、提高下肢和心肺系统新陈代谢能力十分有效。进行蹲跳时，应该进行纵跳并双脚轻柔着地，但是可以允许有向下的势头，能够立即返回平行的下蹲位置。当下蹲至底部时，立即跳跃，重复进行此动作，直到达到规定的次数。

负重纵跳

此练习可以通过哑铃或药球增加负重。

交替分腿跳

细节和益处

• 自重弓步练习的自然进阶。

• 对于增强髋部力量和柔韧性很有好处，是一个非常好的减速制动练习。

起始位置

• 直立，双手放于头后（停房姿势）、放在髋部，或放在身侧（如果双手要反向运动）。

• 双脚应该分开，与髋部和肩部同宽（也就是低弓步姿势），右脚朝前（参见图4.13a）。

• 分步距离应该足够长，保持右膝位于脚踝上方，左膝弯曲，位于垂直的肩髋线后侧。

动作

• 爆发式纵跳，同时转换双腿位置：左脚向前，右脚向后（参见图4.13b）。双手放在头后，保持停房姿势。如果双手作反向摆动，按需要摆动双手，以产生力量，并保持平衡。

• 双脚轻柔着地，可以有一个向下的动势，然后立即分腿下蹲。

• 当分腿蹲至最低点时，再次起跳。

• 重复此动作，交替进行分腿跳运动。

负重交替分腿跳

此练习可以通过负重背心、哑铃或药球增加重量进行训练。

图4.13 交替分腿跳：（a）起始位置；（b）纵跳，换腿。

滑冰者

细节和益处

- 第4章中DB或KB交替侧弓步的自然进阶。
- 锻炼滑冰者、田径和场地运动员的横向变换能力，是滑冰和场地运动员的最佳训练方式。

起始位置

- 右腿站立，右膝和髋部微弯。
- 肩膀前倾，左臂绕过身体前侧，右臂在后（参见图4.14a）。

动作

- 用双手保持平衡，跳到左边。
- 左脚着地，在此位置保持平衡，右手交叉放在身体前面，左臂放在后面，立即向右后侧跳（参见图4.14b）。
- 重复进行横向跳跃动作，用双手保持反向平衡。

负重滑冰

此练习可以通过负重背心、哑铃或药球增加重量进行训练。

图4.14 滑冰者：（a）向左跳；（b）向右跳。

波比操（立卧撑）

细节和益处

• 自重双腿蹲和自重俯卧撑的自然进阶动作。

• 适用于力量和柔韧性练习，是一种对于搏击和田赛运动员改善重心位置十分有效的练习。

起始位置

• 站直，双手放在身侧。

• 整个移动过程中，保持核心收紧。

动作

• 如果处于站立位置，下蹲，将双手放在身前的地板上面（参见图4.15a）。

• 手脚伸开，向后展开，转到平面支撑位置，此时保持核心收紧（参见图4.15b）。

• 双脚向前，跳回初始位置，站立，重复动作。

图4.15 立卧撑：（a）蹲位；（b）俯卧撑位。

负重立卧撑

此练习可以通过负重背心、哑铃或药球增加负重。如果使用哑铃，那么应该双手各拿一个哑铃。在下蹲的时候，将哑铃放在地板上，当做平面支撑的时候，位于手下方。如果采用药球，那么就用双手扶住实心球，双手将它放在地板上，然后跳回到平面支撑。

扑跳俯卧撑（爆发力俯卧撑）

细节和益处

•平面支撑和自重俯卧撑的自然进阶练习。

•对于锻炼动态核心稳固度和下推爆发力十分有效。

起始位置

•假设处于平稳的俯卧撑位置。

•用双手和脚趾支撑来保持平衡。

动作

•弯曲肘部，下降身体，直到胸部距离地面只有几英寸远（参见图4.16a）。

•爆发性伸展双臂，将身体用力推离地面，在身体离开地面的时候保持双臂伸展（参见图4.16b）。

•轻柔缓冲返回俯卧撑位置，胸部距离地面几英寸远，然后再爆发式悬空。

图4.16　爆发力俯卧撑：（a）身体下降至地面；（b）爆发式伸展双臂。

弹力带和拉力器

掌握了前面的自重练习之后，接下来的事情就是在运动中控制旋转和尽可能地减速。要为控制旋转运动的斜对角线向量和水平向量增加负重，没有比弹力带和拉力器（BP）更好的办法了。拉力器，也叫作拉力绳，能够提供稳定的重量，特别适用于力量训练中较重且缓慢的移动。另外，弹力带能够提供不同类型的阻力，适用于力量训练中典型的爆发性运动。第1章中给出了适用于功能性训练的最佳的弹力带产品，此章中描述的大部分练习都可以采用弹力带和拉力器进行。

有些描述姿势和动作的术语能够帮助我们更加容易地理解以下练习。练习的名称本身就描述了练习。至于说明，首先描述的是支撑面，然后是整体位置（或者动作），然后是上肢应该保持哪种姿势，最后描述了动作本身。参考姿势是站姿，双脚水平站稳，双手握住一件设备（如弹力带手柄），同时上身运动。除了姿势之外的信息，都在练习名称中进行了描述。例如，BP硬拉指的是一个双脚呈水平站立，双手握住手柄的练习。另外，BP交错站立CLA前推的意思是下肢交错站立，身体姿势为直立，推力是由双手产生的，与前脚的位置相反（也就是对侧手臂）。同时，负重点指的是负重来源或接触弹力带的点。在这些术语中有一些特例情况，但是在大部分练习中，名称会十分明显，并且有描述性。

BP硬拉

细节和益处

- 自重双腿蹲的自然进阶，注重髋部弯曲。
- 是采用最少量的膝盖动作并且降低脊椎挤压的方式来进行的髋部增强练习。
- 对于有膝盖和背部伤痛的运动员效果极佳。

起始位置

- 将负重点设置的越靠近地面越好。
- 面向负重，站立，双手握紧手柄，向后倾斜，从而抵消负重拉力来保持平衡（参见图4.17a）。

动作

- 保持背部直立，向后坐使髋部屈曲并移向地面方向，此时肩膀向前方负重点移动。当能感到腘绳肌有很舒适拉伸的时候，停止。
- 此时髋部处于折叠状态，膝盖可以微微弯曲（10度~15度），保持肩胛骨收紧，手臂尽量伸直，肩膀向拉伸方向移动。
- 伸展髋部，回到起始位置。

图4.17 BP硬拉：（a）起始位置；（b）后坐。

BP交错站立CLA硬拉

细节和益处

- 单腿对侧手臂前伸和所有手臂前伸的进阶练习。
- 所有交错站立划船动作的前导。
- 最佳的背部和髋部强化练习方法，能够最低限度限制膝盖的干预，降低脊柱压力。
- 很受使用低位和减速器械的运动员欢迎。

起始位置

- 尽量将负重位置降低，左手扶住手柄。
- 面向负重点，站直，双腿分开，右腿向前，膝盖超过脚踝（参见图4.18a）。
- 左脚向后，膝盖弯曲，位于肩部与髋部形成的垂线下方，双脚朝前，后腿用脚趾站稳。

动作

- 后背挺直，弯曲髋部，手臂和肩膀向拉伸方向移动（参见图4.18b）。直到能感觉在右方腿后肌肉有一种舒服的拉伸感时停止。
- 伸展髋部，返回起始位置。
- 确保双膝微微弯曲（10度~15度），肩胛骨向后，核心在整个运动过程中保持稳固。
- 身体两侧交替进行。

图4.18 BP交错站立CLA硬拉：（a）起始位置；（b）回坐。

BP交错站立CLA前推

细节和益处

- 自重交替弓步和自重俯卧撑的自然进阶练习。
- 对核心前部和胸部练习十分有效。
- 很受跑步运动员和投掷运动员欢迎。

起始位置

- 将负重点设置到与胸部同高。
- 用右手握着手柄，转身远离负重，站直，双腿分开，双膝微弯（10度~15度），左脚在前，膝盖在矢状面上可超过脚踝。
- 收回右腿，膝盖弯曲，位于垂直肩髋线后侧，双脚朝向内侧，后面的腿用脚趾肚平稳着地。
- 保持核心收紧，轻轻抓住位于胸部和右肩外侧的手柄（参见图4.19a）。

动作

- 保持核心收紧，用右手向前挤压手柄，但上臂外侧不会与绳索或弹力带进行摩擦（参见图4.19b）。
- 重复前推动作。
- 在身体两侧交替进行，转换腿部位置。

图4.19　BP交错站立CLA前推：（a）起始位置；（b）前推。

BP交错站立CLA上斜推

　　BP交错站立CLA上斜推是对跑步运动员和投掷运动员非常有效的训练前部重心和胸部肌肉的方式。起始位置和基本动作与BP交错站立CLA前推一样，但是负重点在膝盖下方，推挤的手柄在上方大约45度的位置（参见图4.20）。在身体两侧重复此动作，注意变换双腿位置。

图4.20　BP交错站立CLA上斜推。

BP交错站立CLA下斜拉

与BP交错站立CLA前推和BP交错站立CLA上斜推一样，BP交错站立CLA下斜拉是一种适用于跑步、投掷以及搏击运动员的完美训练。起始位置和基本动作与BP交错站立CLA前推一样，但是负重点位于头顶之上（参见图4.21a），下拉的手柄在下方45度处。手柄下拉的角度呈45度，但是手臂外侧不能与弹力带或者绳索相摩擦。将手柄向下拉45度，但是手臂外侧不能与弹力带或绳索相摩擦（参见图4.21b）。在身体两侧交替重复进行此动作，注意转换腿部位置。

图4.21 BP交错站立CLA下斜拉：（a）起始位置；（b）下斜拉。

BP交错站立前推

细节和益处

• 自重交替弓步和自重俯卧撑的自然进阶，是对之前交错站立CLA手臂前伸的完美补充。

• 很好的核心前部和胸部锻炼方式。

• 普遍适用于跑步运动员和搏击状态下需要推动对手的运动员。

起始位置

• 将负重点调到胸部高度。

• 双手各握住一个手柄，转身远离负重，双脚分开，膝盖微屈（10度~15度），左脚向前，膝盖超过脚踝。

• 右脚收回，膝盖弯曲，位于肩髋线垂直线的后侧，双脚朝内，后腿用脚趾肚保持稳定。

• 保持核心收紧，双手各握住一个手柄，稍稍位于胸部和肩部外侧。

动作

•保持核心收紧，同时双手向前推手柄，注意上臂外侧不要与弹力带或绳索相摩擦（参见图4.22b）。

•重复推压动作。

•转换腿部位置并重复此动作。

图4.22 BP交错站立前推：（a）起始位置；（b）推。

BP交错站立交替前推

BP交错站立交替前推与BP交错站立前推的优点和特点一样，但是手臂交替的方式中增加了转向分解动作（参见图4.23）。这个练习重点在于前部肩周肌肉组织的练习，在完成一组之后，变换双腿位置，重复此动作。

图4.23 BP交错站立交替前推。

BP交错站立飞鸟

细节和益处

- 是自重交错弓步、自重俯卧撑和BP前推的自然进阶练习。
- 是很好的预疲劳的练习，对核心前部和胸部非常有益。
- 对于跑步运动员、投掷运动员和搏击运动员非常适用。

起始位置

- 将负重点设置到胸部的高度。
- 双手各握住一个手柄。
- 转身，远离负重，站直，双腿分开，双膝微曲（10度～15度），左脚在前，膝盖超过脚踝。
- 右腿在后，弯曲膝盖，使其在肩髋垂直线之后，双脚朝内，后侧腿利用脚趾肚保持平稳。
- 保持核心收紧，双臂朝外，肘部微弯，与肩膀呈一条线，手心相对（参见图4.24a）。双手伸展不能超过肩线后侧，避免胸部和肩膀过度伸展。

动作

- 保持核心收紧，双臂外伸，肘部微弯，手心向前，双手互相向彼此靠拢，直至几乎碰触（参见图4.24b）。
- 只能移动肩关节。
- 双臂返回外伸位置，重复飞鸟动作。
- 交换两腿位置进行此动作。

图4.24 BP交错站立飞鸟：（a）起始位置；（b）双手合拢。

BP划船式

细节和益处

• 所有站立划船式动作的基础。

• 是全身双腿下蹲和上斜推（划船式）的自然进阶。

• 是很好的基础练习，能够让身体后侧全部运动起来。

起始位置

• 将负重点设置在胸部和膝盖高度之间（负重点越低，负重可以越大）。

• 朝向负重，双脚水平站好，双脚分开与肩同宽。

• 双手各握住一个手柄。

• 微微弯曲膝盖，必要时向后倾斜身体，以抵消负重，保持平衡（参见图 4.25a）。

动作

• 后背保持直立，保持核心收紧，同时拉回手柄，直到双手位于胸部外侧（参见图4.25b）。

• 双手返回起始位置。

• 重复划船动作。

图4.25 BP划船式：（a）起始位置；（b）向后拉手柄。

BP交错站立交替划船式

细节和益处

• 是手臂前伸、交替侧弓步以及交错站立CLA划船式的自然进阶练习。

• 对锻炼核心稳固度，还有对于重点关注核心旋转的髋部练习效果很好。

起始位置

• 将负重点设置在胸部和髋部的高度之间。

• 面对负重点，站直，双手各握住一个手柄。

• 站直，双腿分开，膝盖微屈（10度～15度），左腿向前，膝盖超过脚踝。

• 右腿在后，弯曲膝盖，位于肩髋垂线后方，脚尖向前，用脚趾肚保持稳定。

• 拉住右边的手柄，直到位于胸部外侧，此时保持左臂伸直（参见图4.26a）。

动作

• 左臂划船，同时伸展右臂（参见图4.26b）。

• 重复，变换划船姿势。

• 换腿重复动作。

图4.26　BP交错站立交替划船式：（a）起始位置；（b）划船。

BP 交错站立俯身交替划船式

细节和益处

• 是自重双腿蹲、上斜推、BP硬拉的自然进阶练习。

• 对腘绳肌、背部和肩膀力量以及柔韧度十分有效。

• 十分受游泳运动员、投掷运动员、持拍类运动员和棒球接球手欢迎。

起始位置

• 将负重点设置到胸部和髋部的高度之间。

• 面对负重点，站直，双手各握住一个手柄。

• 双脚分开站好，膝盖微弯（10度～15度），左脚朝前，膝盖超过脚踝。

• 右腿在后，膝盖弯曲，位于肩髋垂直线的后侧，双脚朝前，后面的腿用脚趾肚保持稳定。

• 弯曲髋部，后背尽量保持挺直，左腿腘绳肌伸展良好。

• 双臂举过头顶，直接指向拉力方向。

动作

• 髋部弯曲，左臂伸直，向右拉手柄，一直拉到右肩外侧（参见图4.27a）。

• 同时伸展右臂，并用左臂进行拉伸（参见图4.27b）。

• 保持髋部弯曲，后背伸直，重复交替划船动作。

• 双脚交替，换位进行。

图4.27　BP交错站立俯身交替划船式：（a）右臂划船；（b）左臂划船。

BP复合式划船

细节和益处

•是自重双腿下蹲的自然进阶练习，增加了重点关注的髋部弯折的项目，是从BP硬拉进行的完美过渡。

•极佳的髋部和背部力量练习，同时仅有微量的膝盖运动或脊柱压缩。

•对于膝盖和背部有问题的运动员效果极佳。

起始位置

•将负重点设置的尽量低。

•面对负重，站直，双手拉着手柄。

•向后倾斜，抵抗拉力。

动作

•保持背部直立，弯曲肩部，尽量向后移动，同时肩部向前。当后腿肌腱能感到一个很舒服拉力的时候，停止移动（参见图4.28a）。

•当髋部弯曲的时候，膝盖可以微微弯曲（10度~15度），肩胛骨向后，双臂伸向拉伸方向。

•伸展髋部，同时双手进行划船动作，直到双手位于胸部外侧（参见图4.28b）。

•重复复合式划船动作。

图4.28 BP复合式划船：（a）BP复合式划船；（b）双臂划船。

BP交错站立CLA划船式

细节和益处

• 是单腿CLA手臂前伸和此章后面描写的DB或KB前弓步摸脚的自然进阶练习。

• 绝佳的背部和髋部强化练习，能够最大限度地降低膝盖的移动。

• 非常受使用低位运动的运动员欢迎，例如网球运动员和摔跤运动员。

起始位置

• 将负重位置设定在髋部，左手拿着手柄。

• 面对负重点，站直，双腿分开，右腿在前，膝盖超过脚踝，双膝均微微弯曲（10度~15度）（参见图4.29a）。

• 左腿在后，膝盖弯曲，位于肩髋垂直线的后方，双脚朝前，后腿用脚趾肚保持稳定。

动作

• 挺直背部，左手拉向胸部左侧（参见图4.29b）。

• 重复划船动作。

• 身体两侧交替进行此动作，转换双脚位置。

图4.29 BP交错站立CLA划船式：（a）起始位置；（b）划船。

BP交错站立CLA高至低划船式

BP交错站立CLA高至低划船式与BP交错站立CLA划船式的功效一样，但是设置和动作略有不同。将负重点设置在头上，用左手拉住手柄（参见图4.30a）。起始位置为双脚分开，右脚在前。保持背部挺直，左手向下45度进行拉伸，直到左臂靠近胸部左侧（参见图4.30b）。双手在身体两侧重复此动作，同时转换双脚位置。

图4.30　BP交错站立CLA高至低划船式：（a）起始位置；（b）划船。

BP交错站立CLA低至高划船式

BP交错站立CLA低至高划船式与BP交错站立CLA划船式的设置和动作略有不同。将负重点设置的越低越好，用左手拉住手柄（参见图4.30a）。起始位置为双脚分开，右脚在前。保持背部和左臂挺直，髋部弯曲，向前倾斜肩膀，直到重心与拉伸线垂直，此时能感到左腿腘绳肌的伸展（参见图4.31a）。左手45度进行划船，直到左臂靠近胸部左侧（参见图4.31b）。身体两侧重复划船动作，同时转换双脚位置。

图4.31 BP交错站立CLA低至高划船式：（a）起始位置髋部弯曲并倾斜；（b）划船。

BP交错站立CLA复合式划船

BP交错站立CLA复合式划船是双倍计量的单边胯部训练，是BP交错站立CLA划船式和BP交错站立CLA硬拉的组合，设置位置和起始位置与这两个动作一样。开始时双脚分开，右腿在前。左手握住手柄。后背和左臂伸直，髋部弯曲，肩膀前倾，直到重心与拉伸线垂直，而且能够感觉到右腿后腱的伸展（参见图4.32a）。髋部弯曲的时候，膝盖可以微微弯曲（10度~15度），肩胛骨向后，右臂伸向拉伸方向。伸展髋部，左手拉向胸部左侧（参见图4.32b）。重复复合式划船动作，身体两侧交替进行，同时转换双脚位置。

图4.32 BP交错站立CLA复合式划船式：（a）起始位置；（b）划船。

BP游泳式

细节和益处

• 是自重双腿下蹲、BP硬拉、BP复合式和俯身运动的自然进阶练习。

• 是增强核心前部力量和核心后部灵活性的极佳的基础练习。

起始位置

• 将负重点设置的越高越好，位于头部上方。

• 面对负重点，站直，双膝微弯，水平站好，双脚分开，与肩同宽（参见图4.33a）。

• 双手各握住一个手柄，掌心向下。

• 双臂伸直，指向负重点。

动作

• 爆发性弯曲整个身体至屈体位。

• 手臂伸直，同时向下后方拉伸双手（游泳动作），直到双臂接近髋部，并且弹力带或绳索与肩膀轻微接触（参见图4.33b）。

• 伸展身体至起始位置，重复进行动作。

图4.33 BP游泳式：（a）起始位置；（b）游泳运动。

BP高至低砍削动作

细节和益处

•所有平面支撑、俯卧撑、绕轴和无轴旋转的自然进阶练习。

•是核心前部和后部对角线练习非常好的基础动作。

•适用于所有挥摆类相关的运动，例如垒球和高尔夫，以及投掷和搏击运动中的向下击打动作。

起始位置

•将负重点设置在头顶上方，尽量高位。

•双手握住一个手柄（右手握住手柄，用左手包住右手）。

•转左，此时负重点在身体右侧，刚好在头顶上方。

•双膝微弯，手臂伸直，位于身体前方。

动作

•保持核心收紧，右腿站立，旋转右侧髋部。

•旋转身体，双手伸向负重点（参见图4.34a）。

•作为备选，可以略微以左脚为轴帮助右髋向内旋转。右脚踝和膝盖不得向负重侧旋转（没有横向旋转）。

•当双手移动到顶端的时候，进行斜向下砍削运动。

•当手柄在向下的途中（大概在胸部的高度），将身体重量转换到左脚，脚趾头指向前方，继续向下砍削划过，直到双手位于身体外侧在左髋下方（参见图4.34b）。

•如需要，可以允许右脚有一些转动，完成砍削动作。

•按顺序重复动作。

•身体两侧交替进行。

图4.34 BP高至低砍削动作：（a）高；（b）低。

BP低至高砍削动作

细节和益处

• 是绕轴和轴心旋转，还有弓步及砍削运动的自然进阶练习。

• 是对前部和斜后方肌肉群的基础锻炼，特别对臀部的锻炼效果十分好。

• 适用于所有涉及换向和挥摆类的运动，例如网球和垒球，还有搏击运动中的扭抱和下摔。

起始位置

• 将负重点设置的越低越好。

• 双手握住一个手柄（用右手握住手柄，然后左手包住右手）。

• 转左，将负重点置于身体右侧，膝盖下方。

• 膝盖微弯，手臂伸直，位于身体前方。

动作

• 保持核心收紧，右脚着地，旋转右髋。轻微的弯曲髋部并下倾，旋转身体，双手放下到负重点处（参见图4.35a）。轻轻的以左脚为轴，帮助右髋向内旋转。不要向负重侧旋转右脚踝和膝盖（没有侧向旋转）。

• 当双手位于移动底端的时候，进行斜向和向上反向砍削动作，直至双手高举到左肩左侧（参见图4.35b）。完美地完成动作，重心在双脚之间，双手位于身体前侧，双臂伸展。

• 按顺序重复动作。

• 身体两侧交替进行。

图4.35　BP低至高砍削动作：（a）下方；（b）上方。

BP短距离抡动（10点钟到2点钟方向）

细节和益处

•是绕轴旋转和轴心旋转以及所有平面支撑和俯卧撑的自然进阶练习。

•是旋转时核心稳固度的基础练习。

•在搏击和投掷运动员以及挥摆类运动员中很普遍。

起始位置

•将负重点设置到与胸部同高。

•双手握住手把（也就是用右手握住手把，左手包在右手外侧）。

•左转，此时负重点在身体右侧。

•微微弯曲膝盖，双臂伸至体前（12点钟方向）。

动作

•保持核心收紧，向左（10点钟方向，图4.36a），向右（2点钟方向，图4.36b）进行短距离抡动，髋部不得移动。

•在身体两侧重复进行此动作。

图4.36 BP短距离抡动（10点钟到2点钟方向）：（a）10点钟方向；（b）2点种方向。

BP律动性后摆

细节和益处

• 所有高至低砍削、俯卧撑和有轴心以及无轴心旋转的自然进阶练习。

• 能够增强髋部和核心力量以及灵活性的独特练习方式。

• 适用于所有挥摆类的运动项目，例如垒球和高尔夫，特别是需要后摆的运动项目。

起始位置

• 将负重点设置的越高越好，位于头顶正上方。

• 双手握住手柄（也就是左手握住手柄，右手在外侧包住左手）。

• 向左旋转，此时负重点在身体右侧，头顶上方，弹力带或绳索位于头顶，手柄位于高处，在左侧（参见图4.37a）。

• 应该保持运动项目中要求的后摆姿势。

动作

• 保持核心收紧，左腿着地，向内旋转左髋，用负重的力量进行更深度的后摆。

• 旋转身体，双手伸向负重点（参见图4.37b），保持一个运动所需的完美的后摆运动。

• 有规律地进行小范围的前后摆动（大约25厘米）。

• 感受核心稳固度，左髋向内旋转，增加后摆运动的范围。

• 身体两侧交替进行此动作。

图4.37 BP律动性后摆：（a）起始位置；（b）双手向负重点移动。

BP推拉

细节和益处

•是绕轴和无轴旋转以及所有水平推拉和划船式动作的自然进阶练习。

•是增强核心转动和肩部稳定性的基本双阻力练习。

•在跑步运动员、搏击运动员和挥摆类运动员中运用得十分普遍。

起始位置

•选择一个有两个相反负重点，距离为8~10英尺（2.5~3米）的双阻力负重系统。如果没有双阻力系统，那么这个练习可以采用两个单独的弹力带，在同伴的配合下进行。

•将负重点设置在大约胸口的高度。

•每只手握住复合拉伸器的手柄。

•面对机器，向左转，双腿分开，面向绳索，伸展右臂，左手在胸口附近，准备推压（参见图4.38a）。

动作

•保持核心收紧，同时用右手做划船运动，左手做推压动作（参见图4.38b）。

•重复动作，同时进行推拉。

•身体两侧重复进行动作，变换双脚位置。

图4.38　BP推拉：（a）起始位置；（b）右手划船，左手推压。

哑铃和壶铃

一旦掌握了自重练习、弹力带或阻力绳练习，就可以选择哑铃（DB）和壶铃（KB）来增加外部负重进行功能性训练。这些器械可以让我们用每只手进行负重，在身体左侧和右侧进行练习，它们可以很容易、很自然地判断出肌肉是否平衡。使用较轻或较重的负重能够达到我们想要的锻炼质量，无论是较重的力量练习，还是轻量的耐力练习，均可以达到两种之间的任何程度。甚至能够通过一只手负重的方式形成不对称或单边负重。在第1章中给出了哪里可以获得用于功能性训练的最好的哑铃和壶铃产品。

DB或KB蹲举

细节和益处

• 这是锻炼核心和下肢的基本练习。

• 是一种能够不需要通过脊柱直接负重而增加自重双腿下蹲强度的锻炼方式。

• 有很多种变化版本或位置都可以使用；此处描述的是基本的肩膀负重方式。

起始位置

• 双脚分开，与肩同宽，面向前。

• 双手各拿一个哑铃或壶铃，举到肩膀的高度（参见图4.39a）。

• 采用自然位（也就是掌心向内）的方式来握住哑铃或壶铃。

动作

• 保持核心收紧，握住哑铃或壶铃，下蹲，直至大腿与地面平行（参见图4.39b）。

• 起立，返回起始位置。

• 重复下蹲动作。

图4.39 DB或KB蹲举：（a）起始位置；（b）下蹲。

KB单臂摆动

细节和益处

• 所有硬拉和下蹲动作的自然进阶练习。

• 是一种能够有效锻炼跳跃运动中所需的踝关节、膝盖和髋部肌肉群的练习。

• 普遍被所有跳跃运动员所采用。

起始位置

• 右手握住壶铃，手臂伸直，放在体前，掌心面对身体。

• 髋部弯曲，后背挺直，双膝微弯，双脚向前，分开与肩同宽（参见图4.40a）。

动作

• 快速伸展整个身体，将壶铃以圆弧路径向前摆动，直至壶铃达到与肩同高，右臂伸直，置于体前（参见图4.40b）。

• 按照上摆的路径将壶铃放下。摆动至底部的时候减速，重复伸展动作。

• 身体两侧重复此动作。

图4.40　KB单臂摆动：（a）起始位置；（b）向上摆动壶铃。

DB或KB单腿RDL（罗马尼亚硬拉）

细节和益处

• 单腿CLA手臂前伸和所有BP交错站立划船式以及硬拉动作的自然进阶练习。

• 对于强化后腘绳肌和臀大肌以及减速机制效果很好。

• 在需要大量的低位以及低减速和换向能力的运动员中很普遍。

起始位置

• 用右手握住重量，手臂伸直，悬于身体前方，掌心向内。

• 用左腿保持平衡，左膝微弯，右腿在后，离开地面（参见图4.41a）。

动作

• 单腿保持平衡，左髋折叠，直至重心几乎与地面平行，或感到左腿腘绳肌有一种很舒服的拉力。

• 在整个移动过程中挺直后背，手臂时刻保持垂直状态（参见图4.41b）。

• 伸展髋部，回到起始位置。

• 重复髋部折叠动作，在身体两侧交替进行。

图4.41 DB或KB单腿RDL：（a）起始位置；（b）向地板方向下放重量。

DB或KB弓步

细节和益处

- 当掌握了自重交替弓步之后，这便是中级到高级的进阶过程。
- 是很好的下肢和核心练习方式，主要着眼于髋部和核心。
- 在搏击运动员、径赛运动员和场地运动员（如足球运动员和网球运动员）中很受欢迎。

起始位置

- 站直，双脚朝前，与肩同宽。
- 双手各握一个哑铃或壶铃。双手位于身前，处于肩部承载姿势，也就是进行双手过头推举前的位置（参见图4.42a）。

动作

- 挺直背部，右腿向前迈一大步。
- 右脚着地时，身体下降，进入深马步或分腿下蹲位置（参见图4.42b）。
- 右脚蹬地返回起始位置。
- 左侧重复此动作，继续交替进行。

图4.42　DB或KB弓步：（a）起始位置；（b）弓步。

DB或KB前弓步摸脚

细节和益处

•是自重交替弓步和BP交错站立硬拉以及复合式划船动作的自然进阶练习。

•对强化背部、髋部和腘绳肌十分有效，且最大化地降低了膝关节参与程度。

•适用于采取低姿势的运动员（如摔跤运动员），还有那些经常进行减速换向的运动员（如网球运动员和接球手）。

起始位置

•站直，双手握住哑铃或壶铃（参见图4.43a）。

•手臂位于身体两侧，手心向内。

•双脚与髋部同宽。

动作

•左脚迈一大步，呈分腿站姿。迈步距离应该足够大，以便左膝保持位于脚踝以上，右膝位于肩髋垂直线的后侧。右脚跟离地。

•左脚着地的时候，保持核心收紧。弯曲髋部，让哑铃或壶铃伸到左脚一侧（参见图4.43b）。在左腿腘绳肌弹性范围内尽量下降。

•当达到动作底端的时候，左脚蹬地，左腘绳肌群和臀部伸展，向后迈步，回到起始位置。

•另一侧重复此动作。

图4.43 DB或KB前弓步摸脚：（a）起始位置；（b）弓步和向前摸脚。

DB或KB侧弓步

细节和益处

• 所有单腿动作和BP低至高砍削动作的自然进阶练习。

• 是锻炼髋部外侧回旋肌旋转稳定性和灵活性，并且可以增强身体后侧肌肉群对角线方向的力量传递的最佳练习。

• 特别有利于单侧臀部练习，并且有益于髋部外侧回旋肌。

• 最低限度地进行膝盖弯曲，降低膝盖的磨损和撕裂，同时增强髋部力量和换向能力，对膝盖有伤的运动员非常适用。

• 在需要快速转换方向的运动员（如网球和足球运动员），还有需要进行挥摆动作的运动员之中很受欢迎。

起始位置

• 站直，双手握住哑铃或壶铃（参见图4.44a）。

• 手臂位于体侧，手心向内。

• 双脚分开，与髋部同宽。

动作

• 左脚迈一大步，迈步距离要大，约为肩宽的二倍。

• 左脚着地时，弯曲髋部，髋部后移并弯曲。

• 屈膝，但是尽量不要弯太多，此时左胫骨与左踝骨彼此垂直（参见图4.44b）。

图4.44　DB或KB侧弓步：（a）起始位置；（b）左腿弓步，体重移到脚上；（c）右腿弓步，体重转移到脚上。

•后背挺直，继续弯曲髋部，将哑铃或壶铃放在左脚两侧。

•当到达动作底部的时候，左脚蹬地，用左腿腘绳肌和臀大肌来伸展身体，向后迈步，返回起始位置。

•另一侧重复此动作（参见图4.44c）。

DB或KB旋转侧弓步

细节和益处

•是旋转单腿蹲、所有单腿运动、BP低至高砍削和所有弓步前伸运动的自然进阶练习。

•是锻炼髋部旋转稳定性和柔韧性的极佳练习，也能增强身体后侧对角线肌肉群，特别是臀大肌的力量。

•能够让膝盖进行最小化的屈曲，减少膝盖磨损和撕裂；对于膝盖有问题的运动员是非常好的练习。

•很适用于需要快速拉开步伐和转换方向的运动员。

起始位置

•站直，用双手握住哑铃或壶铃（参见图4.45a）。

•手臂位于体侧，掌心向内。

•双脚分开，与髋部同宽。

动作

•想象我们此时正站在广场中间，向右后方的角落迈了一大步（大约二倍肩宽的长度）。

图4.45 DB或KB旋转侧弓步：（a）起始位置；（b）右腿弯曲，负重接近右脚；（c）左腿弯曲，负重接近左脚。

•左脚向前迈一大步，右脚朝向右后方的角落。

•当右脚着地的时候，髋部向右脚方向移动，弯曲髋部、右膝，此时右侧胫骨与右脚踝垂直（参见图4.45b）。

•保持背部挺直，降低右膝的弯曲程度，继续弯曲右髋，直至每个哑铃都够到右脚的两侧。在右腿后腱肌肉许可范围内尽量向右伸展。

•一旦达到动作的底部，用右腿腘绳肌、臀大肌和椎旁肌用力蹬地，伸展身体，向回迈步，返回起始位置。

•另一侧重复此动作（参见图4.45c）。

DB或KB交错站立俯身单臂划船式

细节和益处

•是单腿CLA手臂前伸和所有BP交错站立划船式和硬拉动作的自然进阶练习。

•能有效地锻炼臀大肌和后背肌肉。

•适用于需要强大的腘绳肌来进行跑步和蹬起的运动，例如搏击、田赛运动员和外野手。

起始位置

•右手握住负重，自然伸展到体侧。

•双脚分开站好，左脚向前，膝盖弯曲，超过脚踝。右腿在后，膝盖弯曲，位于肩髋线之后，双脚朝前，腿部用脚趾肚保持平稳。

•髋部弯曲，直到重心几乎与地面平行，或能够感到左腿腘绳肌有很舒服的拉伸感。

•在整个移动过程中保持背部挺直，右臂始终垂直（参见图4.46a）。

图4.46　DB或KB交错站立俯身单臂划船式：（a）起始位置；（b）划船。

动作

•保持分腿站立姿势，稳定俯身，右手采用划船姿势向右拉伸，直至胸腔右侧（参见图4.46b）。

•手臂返回起始位置，重复划船动作。

•身体两侧交换进行。

•如果想进行更加高级的练习，可以采用单腿进行此练习。

DB或KB过头推举

细节和益处

•所有BP推举运动和俯卧撑运动的自然进阶练习。

•对增强肩膀力量和稳定性以及核心稳固度是极佳的锻炼方式。

•适合需要增强全身力量和肩膀稳定性的运动员。

起始位置

•站直，双脚朝前，分开与肩同宽，整个动作过程中保持核心收紧。

•双手各握住一个哑铃或壶铃，举到肩膀高度，掌心相向（参见图4.47a）。

动作

•尽管已经在此解释了交替运动的方式，但是这个练习也可以双臂同时进行。

•右手举过头顶进行推举，此时左手放在与肩同高的位置（参见图4.47b）。

•右手向下，回到肩膀的位置，此时左手向上推。

•身体可以进行轻度的侧弯，来调整肩膀的运动范围，但是全程要保持核心收紧。

•重复并交替进行推举动作。

图4.47 DB或KB过头推举：（a）起始位置；（b）过头推举。

DB或KB横向过头推举

此练习可以采用双臂外侧进行，掌心向前，同时移动双臂（参见图4.48）。这个版本能够让肩膀的参与程度更高，更适用于塑身练习。如果肩膀灵活性没有问题，那么单臂变化和身体额外的横向运动也使得推举动作更加容易。

图4.48 DB或KB横向过头推举：（a）起始位置；（b）过头推举。

DB或KB过头Y型推举

细节和益处

- 所有BP推举运动和俯卧撑运动的自然进阶练习。
- 对于锻炼肩膀力量和稳定性以及核心稳固度十分有效。
- 适用于需要增强全身力量和肩膀灵活性的运动员。

起始位置

- 站直，双脚向前，分开与肩同宽，整个移动过程中保持核心收紧。
- 双手各握着一个哑铃或壶铃，伸展到双肩外侧，掌心向前（参见图4.49a）。

动作

- 右手进行斜向（向上和向外）头顶推举，左手保持在左肩线外侧（参见图4.49b）。
- 右手向下，位于右肩外侧，此时斜向左右推举。
- 整个动作过程中，始终保持核心收紧。
- 交换，重复Y型推举动作。

图4.49 DB或KB过头Y型推举：（a）起始位置；（b）向右推举。

DB或KB交叉过头推举

细节和益处

•所有BP推举、俯卧撑和旋转动作的自然进阶练习。

•是锻炼肩膀力量和稳定性的很好的练习，也是锻炼髋部内旋、后转和摆动跟进时的核心力量的很好的练习。

•适用于进行挥摆类运动的运动员，例如搏击和高尔夫运动员。

起始位置

•站直，双脚向前，分开与肩同宽。

•双手各握住一个哑铃或壶铃，举到肩部的高度，掌心相向（参见图4.50a）。

图4.50 DB或KB交叉过头推举：（a）起始位置；（b）过头推举。

动作

・右手进行过头推举，此时左脚着地，以右脚为轴，向内旋转左髋（参见图4.50b）。防止左膝和脚踝向外旋转。

・右臂下降到右肩的位置，此时向左转，返回起始位置。

・从起始位置平稳过渡，左手举过头顶，向右侧推举，此时以左脚为轴旋转。

・重复旋转推举动作。

DB高位交叉猛击

没有旋转的交叉过头推举也叫高位交叉猛击。很适用于搏击运动员用于增强肩膀力量和核心稳固度，通常使用哑铃进行练习。站直，双脚朝前，分开与肩同宽。双手与肩同高，各自握住一个哑铃，掌心相向，保持重心和下肢紧绷，用手越过身体向前猛击，并且向上击出，将哑铃举高，位于左肩外侧（参见图4.51）。收回右手，左手进行高位交叉猛击。重复此动作。

图4.51　DB高位交叉猛击。

DB和KB二头肌弯举

细节和益处

・所有DB或KB举起和垂直划船式运动的自然进阶练习。

・是锻炼手臂、肩膀和核心力量的很好的练习。

・适用于搏击运动员和需要身体接触的运动员。

起始位置

・站直，双脚朝前，分开与肩同宽。在整个移动过程中保持核心收紧。

・双手各握住一个哑铃或壶铃，向下放在身侧，掌心向前。

动作

•尽管在此处说明了交替模式，但是这个练习可以双臂同时进行。

•右手弯举，同时将左手放在身侧（参见图4.52a）。

•右手向下放在体侧，此时左手弯举（参见图4.52b）。

•如果需要保持平衡，可以小幅度移动重心，但是要始终保持核心收紧。

•重复进行交替曲肘运动。

•此练习可以单腿进行。增强7型框架稳定性，同时也能增强手臂力量。

图4.52　DB和KB二头肌弯举：（a）屈右臂；（b）屈左臂。

跑步弯举

跑步弯举不仅可以通过类似跑步的动作达成，同时也是跑步计划的很好的支持。为了进行跑步弯举，站立双膝微弯，保持核心收紧，手臂放在体侧，掌心朝向身体。将右臂弯曲到90度，将哑铃放在体前。同时左臂收回保持平衡（参见图4.53）。连续用手臂进行跑步运动，但不能移动核心或下肢。

图4.53　跑步弯举：（a）屈右臂；（b）屈左臂。

DB或KB垂直划船

细节和益处

• 所有低至高划船式和二头肌弯举运动的补充和自然进阶。

• 是锻炼手臂、肩膀和核心力量的极佳锻炼方式。

• 适用于跑步运动员、搏击运动员和需要身体接触的运动员。

起始位置

• 站直，双脚朝前，分开与肩同宽。在整个运动过程中不能移动重心。

• 轻轻地向前弯曲，在不接触身体的情况下移动哑铃或壶铃。

• 双手各握住一个哑铃，放在身前，掌心朝向身体。

动作

• 尽管已经在此处解释了交替的形式，但是这个练习也可以双手同时进行。

• 右手进行划船动作，直到哑铃或壶铃达到胸部的高度。此时左手放在身前（参见图4.54a）。

• 右手向下，放在身前，左手进行向上的划船动作，直到哑铃或壶铃位于胸部的高度（参见图4.54b）。

• 可以轻轻地旋转肩膀和核心来保持平衡，但是在整个动作过程中要保持核心收紧。

• 重复交替划船运动。

• 此练习可以单腿进行，增强7型框架的稳定性，同时还能增强手臂力量。

图4.54　DB或KB垂直划船：（a）右臂划船；（b）左臂划船。

DB或KB交叉上勾

细节和益处

- 是所有DB或KB屈臂、屈举和垂直划船动作的补充和自然进阶。
- 对于锻炼手臂、肩膀和核心力量十分有效。
- 适用于跑步运动员、搏击运动员和接触性运动的运动员。

起始位置

- 站直，双脚朝前，分开与肩同宽。在整个移动过程中保持核心收紧。
- 双手各握住一个哑铃或壶铃，置于体侧，掌心朝向身体。

动作

- 弯曲右臂，右臂进行交叉上勾拳，越过身体转向左侧，同时右腿旋转，直至哑铃或壶铃与右腿呈一条线，位于左肩外侧（参见图4.55a）。

- 放下右手，放在身体右侧，此时保持右肘弯曲。同时左臂进行交叉上勾拳，左腿旋转，直至哑铃或壶铃与左腿呈一条线，位于右肩外侧（参见图4.55b）。

- 始终保持核心收紧。

- 重复交替交叉上勾动作。

图4.55 DB或KB交叉上勾：（a）右侧上勾；（b）左侧上勾。

改进型扭抱弯曲

这个同步的DB或KB上勾也叫改进型扭抱弯曲。搏击运动员采用这个练习锻炼强大的扭力（站立位手臂扭打）和强大的举起机制。这个练习看上去是一种有欺骗性的弯举。站直，双手各握住一个哑铃或壶铃，手臂弯曲大约90度，髋部弯曲，后背挺直，肩膀向前倾斜，就好像我们要去拿取前方与髋部同高的箱子一样（参见图4.56a）。下部的位置可以下降，这样前臂可以放在髋部上面。采用运动中需要进行的深度。全身练习，伸展身体，两侧弯举，直到它们与肩同高（参见图4.56b）。返回起始位置，重复进行此动作。

图4.56 改进型扭抱弯举：（a）起始位置；（b）双手负重弯举。

DB水平飞转

细节和益处

•是X型上举、BP旋转、BP飞鸟和BP推举的自然进阶练习。

•在旋转移动过程中独特的练习方式能够增强核心稳定性。

•适用于将上身作为一根长杠杆、促进下肢移动的高尔夫运动员、棒球运动员以及滑板类运动员，还能锻炼全身旋转力量。

起始位置

•站直，双脚朝前，分开与肩同宽，膝盖微弯。

•双手各握住哑铃，向上和向外推，与肩同高，形成T形，双肘微弯，掌心向前（参见图4.57a）。

动作

•保持核心稳固，双脚在地上站稳，向右侧旋转身体，左臂向前，右臂向后（参见图4.57b）。髋部和肩膀应该始终同时旋转，保持核心稳固度，双膝微弯。

•当右侧旋转完成后，向左侧旋转，右臂在前，左臂在后，顺滑地从起始位置过渡到右侧旋转结束。

•重复两侧旋转动作。

图4.57 DB水平飞转：（a）起始位置；（b）向右旋转。

DB单臂对角线飞转

细节和益处

•是BP高至低和低至高砍削的补充，MB短距离斜向砍削（第5章）、DB水平飞转和DB或KB横向侧弓步的补充和自然进阶练习。

•是能够为旋转运动和减速投掷运动锻炼核心稳定性的针对性练习。

•适用于将上身作为一根长杠杆、促进下肢移动的高尔夫运动员、棒球运动员以及帆板类运动员，还能锻炼全身的旋转力量。

起始位置

•站直，双脚朝前，分开与肩同宽，膝盖微弯，双脚站稳。

•右手握着哑铃，放在身体右侧，头顶上方，肩膀向右旋转，就像要扔一个球一样（参见图4.58a）。

动作

•保持核心收紧，用右手做对角线投掷，最终右手落在身体左侧，在左髋和左膝之间（参见图4.58b）。

•髋部和肩膀应该始终一起旋转，左髋向内旋转，以右脚为轴心，促进左髋内旋。在整个动作过程中左膝或左脚踝不能有任何旋转。

•在旋转结束的时候，右手返回起始位置。

•重复投掷动作，身体两侧交替进行。

图4.58 DB单臂对角线飞转：（a）起始位置；（b）投掷运动。

DB或KB托举

细节和益处

•是发展需长时间锻炼或活动时核心稳固度的基础练习，特别是当需要托举物体的时候。

•能够发展接触性运动，特别是搏击运动的腹式呼吸和动态核心稳固度。

起始位置

•站直，双手各握住一个负重（参见图4.59）。

•弯曲肘部至90度。

动作

•保持核心收紧，将哑铃或壶铃固定。

•尽管这个练习可以站立进行，但是更佳的方式是一边走一边进行托举练习。

图4.59 DB或KB托举。

小结

　　此章中描述的训练方式和动作练习是最通用的，也是功能性训练中最重要的。任何水平的运动员进行训练都要掌握第3章中的评估练习，并且尽力尝试，会为任何等级的练习做好准备。第5章中提供的训练方式和练习会为功能性训练方案增加更多样的选择。

第 5 章

补充性练习

第4章中介绍了功能性训练需要进行的主要练习。这一章讲述能够增加多样性、有效性和训练乐趣的其他练习。本章包含药球的重心和力量运用，稳定球的重心和旋转练习，使用健身器械进行敏捷性和爆发力训练，甚至还有一些传统的负重增肌练习，这些练习充分说明了IHP混合训练的效用。这些练习动作的格式与第4章一样，用图片来解释动作，给出练习细节，还有一些帮助正确实施练习的说明。

切记，疼痛和可控是正确锻炼的两个最重要的指标。没有疼痛，姿势正确，几乎也就意味着锻炼是恰当的。如果有疑问，请谨慎开始并重复多次，逐渐增大运动量。运动量是可变的，应循序渐进地增加，尤其是在锻炼初期。运动量要掌握好，强调正确动作模式，帮助消除不平衡感，增加运动强度，燃烧卡路里，这对于那些想要减去多余脂肪的运动员十分重要。当运动对你来说是一种享受，能够正确实施且无须思考时，就可以增加负重和提升速度来实现进阶。

药球

搏击运动员和田径运动员多年来一直在使用药球（MB）。最初，药球主要是用于核心练习和投掷运动。随着核心练习和功能性训练越来越普及，药球也开始逐渐演化。现在，这种球开始有了不同的形状和体积，有些还配有手柄、绳子和棒状配件。最开始的药球只有几磅重，但是目前有的重量已经超过40磅（18千克），能够为一些人提供高级别的力量训练。

MB砍削

细节和益处

•全身锻炼自重双腿下蹲的进阶练习（第3章）。

•无疑是最佳的全身药球练习方式。

•可以用于热身、动作评估和提高纵跳能力。

起始位置

•身体直立，双脚朝前分开，与肩同宽。

•双手将药球举过头顶，保持，双肘尽量舒缓地展开（参见图5.1a）。

动作

•保持背部挺直，下蹲，以髋部为轴，弯曲膝盖和脚踝，同时将球向下划一个半圆（参见图5.1b）。

•当大腿与地面平行时，停止移动，此时药球距离地面很近，手肘位于大腿内侧。

•回到起始位置，按相同方向重复将球下砍的动作。

MB短线砍削

可以用短线砍削方式执行砍削动作，不需要下蹲动作。双腿站立，膝盖微弯，核心保持挺直和稳固。双手持药球，手臂向前伸出。此时想象在你面前，从头部到髋部，以及两肩之间有一个长方形。从上到下，垂直地切割这个长方形。不要移动你的重心，也不要降低身体高度（参见图5.2）。在保持核心稳定的情况下尽可能快速地重复砍削动作。

图5.1 MB砍削：（a）起始位置；（b）下蹲并砍削。

图5.2 MB短线砍削。

MB对角线砍削

细节和益处

• 基本的全身锻炼，来自于MB砍削动作和所有下蹲动作，是BP低至高砍削动作的完美互补。

• 可以用于热身、动作评估，以及提高侧向变换能力和挥摆能力。

起始位置

• 身体直立，双脚朝前，分开与肩同宽。

• 双手将药球举过头顶，至身体右侧，双臂伸直，以左脚为轴向内转身（右侧髋部向内旋转）（参见图5.3a）。

动作

• 保持背部挺直，下蹲，向左旋转，以髋部为轴，弯曲膝盖和脚踝。

• 当旋转到中间时（面向前），以左髋部为轴向内旋转，右脚转向内侧，用药球进行一个向下的对角线砍削动作（参见图5.3b）。

• 当药球位于左膝外侧时，停止运动。

• 返回起始位置，重复对角线砍削动作。

• 换身体另一侧执行此动作。

图5.3　MB对角线砍削：（a）起始位置；（b）砍削。

MB短对角线砍削

　　MB对角线砍削也可以不需下蹲而进行短线对角线砍削，类似于BP快速旋转，不需要绕中心进行旋转。双脚站立，膝盖微弯，身体核心保持挺直和稳固。双手持药球，双臂向前伸出。此时想象在你面前，从头部到髋部，以及两肩之间有一个长方形。不要移动你的核心，也不要降低身体高度，从右上角到左下角方向对长方形进行切割动作（参见图5.4）。在保持核心不变的情况下尽可能快速地重复砍削动作。在身体两侧执行此动作（即从左上角到右下角）。

图5.4　MB短对角线砍削。

MB ABC下蹲

细节和益处

•基本的全身锻炼，为所有下蹲动作增加了多方面的刺激。

•对下蹲锻炼的完美补充。

•可以用于修复任何在下蹲时发现的髋部错误。

•倍受需要低蹲位起步、多方向移动的运动员的欢迎，如棒球接球手和排球运动员。

起始位置

•站姿，双膝微弯，双脚朝前，分开与肩同宽。

•双手将药球举到靠近胸口的位置。

动作

•背部保持挺直，以髋部为轴下蹲，弯曲膝盖和脚踝，同时将球向外推（即12点钟方向，参见图5.5a）。

•当大腿与地面平行时，停止动作。

•返回起始位置。

•再次下蹲，此时将球向身体右侧推（即2点钟方向，参见图5.5b）。

•返回起始位置。

- 最后一次下蹲，将球推出至身体左侧（即10点钟方向，参见图5.5c）。
- 返回起始位置。
- 依次重复以上三次下蹲和推送动作（ABC方式）。

图5.5　MB ABC下蹲：（a）12点钟方向；（b）2点钟方向；（c）10点钟方向。

MB弓步旋转

细节和益处

- 中级到高级练习。体重交替压在弓步上，上身绕轴旋转（参见第3章），就完成了此练习。
- 非常好的下肢和重心旋转练习，能够有效锻炼髋部斜后方和前部肌肉系统。
- 很受网球运动员欢迎。

起始位置

- 直立站好，双脚朝前，分开与肩同宽。
- 双手将药球举到身前，手肘弯曲（参见图5.6a）。

动作

- 保持背部挺直，右脚朝前方迈一大步。
- 右脚着地，身体下蹲换成弓步，将药球和上半身向右旋转（参见图5.6b）。
- 收回右脚，回到起始位置。

图5.6　MB弓步旋转：（a）起始位置；（b）向右旋转。

•左脚重复相同动作，将球和上半身向左旋转。

•继续交替进行弓步动作。

MB单臂俯卧撑

细节和益处

•中级到高级俯卧撑练习：自重俯卧撑、平面支撑、单臂离心俯卧撑；MB单臂俯卧撑是进阶至单臂平面支撑或变种俯卧撑的良好过渡。

•锻炼推力和前部对角线重心，适用于搏击运动员和足球运动员。

起始位置

•平面支撑位置，稳住身体，右手放在地板上，手臂伸直。左手放在药球上面，手臂弯曲（参见图5.7a）。

•确保两肩始终与地面平行。

动作

•弯曲肘部，在球右侧做俯卧撑，保持核心收紧，身体挺直，两肩始终与地面平行（参见图5.7b）。

•当左肘已经弯曲到90度时，上推至右臂伸直，右臂推离地面，左臂伸直锁住稳定在球上并采用三点位置（参见图5.7c）。

•降低身体，仅用左手支撑，直至右臂接触地面，继续下降，变为双臂俯卧撑。

•左臂重复单臂俯卧撑，直至达到需要的次数。

•双臂均进行此练习。

图5.7　MB单臂俯卧撑：（a）起始位置；（b）身体向地面下降；（c）上推至右臂离开地面，左臂固定药球。

MB交叉俯卧撑

细节和益处

- 是自重俯卧撑、平面支撑和MB单臂俯卧撑动作之后的中级到高级俯卧撑运动。
- 促进下推爆发力，锻炼前部对角线肌肉的核心稳固度，经常被搏击运动员和橄榄球运动员采用。

起始位置

- 身体置于平面支撑位置，保持稳定，右臂放在地板上，手臂伸直，左臂弯曲，放在药球上面。
- 确保肩部始终与地面保持平行。

动作

- 肘部弯曲，在球右侧进行俯卧撑动作，保持核心收紧，身体伸直，肩部始终与地面平行（参见图5.8a）。

- 当手肘弯曲到90度时，向上推出，将右手放在球上，紧挨左手（参见图5.8b）。

- 将身体重量放在球的左侧，将左手放在地板上，在球左侧进行俯卧撑动作，右手放在球上（参见图5.8c）。

- 手肘弯曲进行上推，直到右臂弯曲90度。向上推起，将左手放在球上，紧挨右手。

- 将身体重量转移到球的左侧，将右手放在地板上，在球的

图5.8　MB交叉俯卧撑：（a）在球右侧进行俯卧撑；（b）双手放在球上；（c）在球左侧进行俯卧撑。

右侧进行俯卧撑动作，左手放在球上。依次重复。

MB绕轴旋转

细节和益处

•是自重绕轴旋转、BP快速旋转之后的基础性全身运动，同时也是BP低至高砍削动作的完美互补。

•可以用于热身，动作评估，提高髋部柔韧性、横向变向能力和挥摆类工具的能力。

起始位置

•站直，双脚朝前，分开与肩同宽。

•将药球放在体前，手肘微弯。

动作

•背部挺直，向左旋转，向内旋转左髋，以右脚为轴，左膝或脚踝不要向外旋转（参见图5.9a）。

•当无法再向内旋转左髋的时候，停止旋转。

•向右旋转，右脚稳定，面朝内，以左脚为轴，向内旋转右髋，左膝或脚踝不得向外旋转（参见图5.9b）。

•当无法再向内旋转右髋的时候，停止旋转。

•继续绕轴进行对侧旋转。

MB无轴旋转

MB无轴旋转能够在没有轴心的方式下进行，能够产生较快的旋转，并能增加重心的稳固度。双脚站立，膝盖微弯，保持重心挺立和稳定。将球置于身前，手臂微弯。想象自己是个时钟，将球置于12点钟方向。旋转肩部，将球移动到10点钟方向，此时不需要移动核心或者下弯身体。仅仅旋转肩膀，将球移动到2点钟方向，一直把球从10点钟移动到2点钟方向，不要移动核心或者下弯身体。

图5.9　MB绕轴旋转：（a）左转；（b）右转。

MB交错站立CLA上斜胸前投掷

细节和益处

•这是一个在DB或KB交叉过头推举、绕轴推举和BP推举训练之后的进阶练习，是一个独特的胸部和核心旋转的训练。

•能够锻炼搏击运动员的拳击力量，以及田径投掷者，如推铅球选手的推力。也能增强所有投掷运动员的旋转能力。

•如果是远程投掷，就使用一个有弹力的球；在距离墙壁很近的时候进行投掷，特别是在人多的健身房，要使用没有弹力的球。

起始位置

•侧身站在距墙壁大约15英尺（5米）远的地方，如果使用没弹力的球，可以站得更近一点。

•双脚与肩同宽，左脚和左肩靠近墙壁，类似于一个击球姿势。

•双手将药球放在胸部右侧，右肘向下，右手掌接触球（参见图5.10a）。

•左手将球固定。

动作

•保持核心收紧，右脚蹬地，左脚朝前方迈一步，假设即将要进行击球动作。

•同时左转，此时用右手将药球向上45度角推出。

•以右脚为轴完成推出动作，面对墙壁，保持一个长跨度错步站立姿势。

•接住有弹力的药球，重复动作。

•身体两侧交替进行。

图5.10　MB交错站立CLA上斜胸前投掷：（a）起始位置；（b）向左旋转，45度角向上推出药球。

MB交错站立CLA胸前直线投掷

细节和益处

• 这是一个在俯卧撑和绳索推拉之后的很受欢迎的胸部和核心旋转练习。

• 能够锻炼搏击运动员的拳击力量，有利于增加例如橄榄球运动中所需的结实的手臂。也能增强所有投掷运动员的旋转力量。

• 如果远距离投掷，使用有弹性的球；如果靠近墙壁，特别是在人多的健身房，使用没有弹力的球。

起始位置

• 侧身站在距离墙壁大约15英尺（5米）处（如果使用没有弹力的球，可以站得更近一些）。

• 双脚分开，与肩同宽，左脚和左肩靠近墙壁，类似一个击球姿势。

• 双手将药球放在胸部右侧，右肘向上，前臂与地面平行（参见图5.11a）。

• 右掌放在球上面，左手将球固定。

动作

• 保持核心收紧，右脚蹬地，左脚朝前方迈一步，好像是要击球。

• 在推送药球的同时左转，右手对着墙壁伸直（参见图5.11b）。

• 以右脚为轴完成投掷动作，面朝墙壁采用两脚距离较远的交错站立姿势。

• 接住有弹力的药球，重复动作。

• 身体两侧交替进行。

图5.11 MB交错站立CLA胸前直线投掷：（a）起始位置；（b）转左，直接把球推到墙上。

MB交错站立CLA下斜胸前投掷

细节和益处

- 这个是俯卧撑和绳索推拉之后基础的胸部和核心旋转练习。
- 能够锻炼搏击运动员，如摔跤选手的向下的推力。
- 如果远距离投掷，使用有弹性的球；如果靠近墙壁，使用没有弹力的球。

起始位置

- 侧身站在距离墙壁大约5英尺（2米）处（如果使用没有弹力的球，可以站得更近一些），双脚分开，与肩同宽，右脚和右肩靠近墙壁。
- 双手将药球放在胸部左侧，左肘向上，前臂向下（参见图5.12a）。
- 左手掌放在球上，右手将球固定。

动作

- 保持核心收紧，左脚蹬地，右脚朝前方迈一步。
- 左手向下方45度推出药球，同时向右转身。
- 以左脚为轴完成投掷动作，面朝墙壁，采取两脚距离较远的交错站立姿势。
- 将球从地面和墙壁弹起，重复动作。
- 身体两侧交替进行。

图5.12　MB交错站立CLA下斜胸前投掷：（a）起始位置；（b）旋转并向下投球。

MB过头摔砸

细节和益处

•这是在任何拉的运动、划船运动、X型上举以及抬膝运动之后，十分有效的肩部和核心进阶练习。

•能够锻炼田径运动员的投掷爆发力。也对游泳运动员和搏击运动员的肩部以及核心稳定性有效。

•使用低弹性的球。

起始位置

•采用平行站姿，双脚分开，与肩同宽。

•双手将球握住，放于体前，手臂伸直。

动作

•保持核心收紧，将药球置于头上，完全展开身体（参见图5.13a）。

•将球猛砸到距离身前2~3英尺（0.5~1米）的位置上。

•注意不要把球弹得离身体过近，以防碰到身体。球的着地点应该尽量远，确保在回弹的时候不会伤到脸。

•抓住弹回的球，重复此动作。必要时，可向前迈一小步抓住弹回的球。

•进行此动作时身体两侧始终处于对称状态。

图5.13 MB过头摔砸：（a）将球举过头顶；（b）将球砸到地上。

MB过头左右摔砸

　　MB过头左右摔砸练习是肩膀、重心和旋转的中级练习。正如MB过头摔砸一样，这个练习能够锻炼投掷能力，被很多田径运动员采用，也被高尔夫运动员用来锻炼轴心旋转能力。一定要使用低弹力的球。

　　起始位置与MB过头摔砸一样。将药球举过头顶，双臂伸直。向右转，以左脚为轴，将球砸在距离右脚外侧大约1英尺（30厘米）远的地方（参见图5.14a）。接住反弹回的球，然后向左转，以右脚为轴，将球砸在距离左脚外侧大约1英尺（30厘米）远的地方（参见图5.14b）。双侧重复相同动作。注意，不要把球弹得太近，防止球接触到身体，特别是防止球打在脸上。

图5.14 MB过头左右摔砸：（a）右转，将球砸在地上；（b）左转，将球砸在地上。

MB旋转投掷：垂直位

细节和益处

•这是一个基础药球旋转爆发力练习，是对所有旋转训练的补充。

•能够锻炼旋转力量，被很多田径运动员和场地比赛运动员所采用，例如需要投掷或挥摆类工具的运动。

•如果远距离投掷，使用有弹力的球。如果离墙壁很近进行投掷，要使用没有弹力的球，特别是在人多的健身房里。

起始位置

•侧向站立，距离墙壁大约15英尺（5米）（如果使用没有弹力的球，可以站得更近一些），双脚分开，与肩同宽，左腿和左肩靠近墙壁，呈预备击球姿势。

• 双手将药球置于身体前侧，双臂伸直。

动作

• 保持核心收紧，手臂伸直，向右旋转，右脚站稳，左脚略绕轴旋转（参见图5.15a），蓄力投掷。此动作右髋承重。

• 保持核心收紧，右脚蹬地，左脚朝前方迈一步，呈预备击球姿势（参见图5.15b）。

• 以右脚为轴完成投掷动作，面朝墙壁，两脚呈长距离交错站立姿势。

• 接住药球，重复动作。

• 身体两侧交替进行。

图5.15 MB旋转投掷：垂直位（a）；右转（b）左转，投球。

MB反身投掷

细节和益处

• 这是下蹲和跳跃练习的一个极佳进阶动作。

• 能够同时锻炼三个部位的伸展和纵跳能力。

• 可以和同伴（推荐）在一个开阔场地进行，或者是背靠墙壁进行。我建议在开阔场地进行，因为需要进行一些练习才能把一个药球举过头顶，并且防止在球弹起的时候被碰到。

• 一个滚动的药球会对周围区域的人造成伤害。如果要向墙壁投掷，就要使用软性的弹力球来限制滚动速度。

起始位置

• 平行站姿，双脚分开，与肩同宽。

•双手将球放在身前，双臂伸直。

动作

•双臂伸直，保持核心收紧，微蹲，以髋部为轴，俯身，将药球置于双腿之间，前臂位于大腿之间（参见图5.16a）。

•向上蓄力，将球向后45度角抛出，尽力抛得最高最远（参见图5.16b）。

图5.16　MB反身投掷：（a）微蹲；（b）投掷。

稳定球（瑞士球）

早在20世纪80年代，稳定球（SB）就已经被当作训练工具。如今稳定球已经在设计和材料方面进行了重大的变革。当稳定球最初被引入用作体能训练的时候，稳定球通常用来提供一个不稳定环境。随着功能性训练的进化，我们意识到，过度使用平衡和不稳定训练对运动的高能量转换没有帮助。这个意识，还有一些不幸发生的事故，促使行业对稳定球作为大负荷训练不稳定支撑表面的使用（如大重量仰卧推举和球上蹲起）进行了重新评估。我们更倾向于将稳定球应用于以下三种目的训练上：

1. 在静止的环境中对动态位置进行支撑（如单腿靠墙侧步）；

2. 在安全的环境里，为可能会产生危险的姿势进行支撑（如脊柱伸展和弯曲）；

3. 提供一个滚动的平面，便于在自然不稳定情况下发展动作。

这部分为这三类练习提供了一些精选练习方法。

SB单腿靠墙侧步

细节和益处

•单腿练习的进阶动作。

•开发横向变向能力的最有效方式，不会对脚踝和膝关节造成磨损和撕裂，对田径运动员和场地运动员都十分有益。

起始位置

•右侧身体靠近墙体站立。

•在腋窝和墙之间放一个稳定球，右臂抵住墙，抬起右脚，用左脚保持平衡。

•向左走大约2英尺（0.5米），身体靠球右倾，抬起右脚（内侧脚），用左脚（外侧脚）保持平衡（参见图5.17a）。

动作

•身体斜靠球的时候，左脚微蹲，右臂置于球上，右手扶墙，保持平衡（参见图5.17b）。

•左脚挨着右脚站立，提起右脚。

•左腿微蹲。

•换另一侧进行此动作。

图5.17　SB单腿靠墙侧步：（a）起始位置；（b）左腿微蹲。

SB双手扶球俯卧撑

细节和益处

• 所有俯卧撑和平面运动的自然进阶动作。

• 如果发现肩胛骨摆动或者是在常规俯卧撑的时候发现核心不稳，可以进行此练习来增强核心和肩部的稳定性。

起始位置

• 将双手放在球上进行平面支撑，确保双手放在球上，手指朝向地面（参见图5.18a）。

• 保持核心收紧，膝盖伸展，重量放在球和双脚上面，双脚分开，与肩同宽。

动作

• 弯曲手肘，降低上半身，直到距离平衡球几英寸距离（参见图5.18b）。

• 伸直手臂，返回平面支撑位置，完成动作。

• 为了降低这个练习的强度，可以把球放在更高的平面上或者是将球固定在地板和墙壁之间。

图5.18　SB双手扶球俯卧撑：（a）起始位置；（b）上身向下靠近稳定球。

SB屈膝（双腿到单腿）

细节和益处

• 此练习是从核心弯曲练习到俯卧撑的中间阶段。

• 这是一个很好的前段核心练习方法，同时也对肩部稳定性有很高的要求，那些在需要弯曲和肩部稳定性方面有要求的运动员，例如体操、跳水和搏击运动员非常喜欢这个练习。

• 此处描述的是双腿练习，但是目标是能够可以单腿进行。每组15个，可以用双腿快速进行练习。

起始位置

• 双手放在地面上，类似俯卧撑动作，稳定球放在身体的中间到大腿下侧的位置（参见图5.19a）。

• 保持核心收紧，避免脊柱过度伸展。

动作

• 双手稳定身体的移动，保持核心收紧，髋部和膝盖部位弯曲，向内靠近胸部屈膝。

• 继续弯曲髋部和膝盖部位，直到弯曲呈90度，膝盖放在稳定球上面（参见图5.19b）。如果想继续增加柔韧性，可以屈膝更紧一些。

• 伸展身体，返回起始位置。

• 重复屈膝动作。

图5.19 SB屈膝（双腿）：（a）起始位置；（b）曲膝。

SB外滚

细节和益处

• 平面支撑、俯卧撑和前端核心练习之后的自然进阶动作。

• 能够延伸并加强前端核心的通用练习，同时也能增加肩关节的力量，很受游泳运动员、投掷运动员和搏击运动员欢迎。

起始位置

• 我最喜欢的外滚练习是在墙上进行，因为这样是最安全的，也会提供特别高的强度，但是，你们也可以尝试更高级的方法，将球放在地面上，与手臂不同位置接触（如从手掌到手肘）。

• 将稳定球放在身体前方，靠着墙壁，手臂伸展，手掌放在球上面，好像在进行平面支撑，在球和脚之间进行平衡（参见图5.20a）。

• 要增加向外滚动的强度，双脚远离墙壁，用脚趾肚着地。

动作

• 收紧身体，肩部张开，双手和前臂从球上滚过，直至身体完全伸展。

• 身体完全伸展的时候，人应该趴在球上面，球要靠近肩部。

• 一旦身体完全伸展，用后拉肌肉群将手臂拉回，手臂在球上滚动至平面支撑起始位置。

图5.20　SB外滚：（a）起始位置；（b）将手掌和前臂置于球上。

SB臀桥（双腿到单腿）

细节和益处

• 这是最基本有效的训练之一，能够同时加强后部核心力量，并拉伸前部核心。

• 对跑步运动员十分重要，也是我们最常见的腘绳肌复原的方式。

• 此处描述的是双腿练习，但是我们的目标是能够尽快进行单腿练习，双腿交替进行，每组15个。

起始位置

• 仰卧，双臂向外45度伸展，手掌向下。

• 将稳定球放在小腿下面（容易）或者是脚踝下面（困难），膝盖和脚踝并拢。

• 膝盖微弯，向上提髋，直到肩部与地面形成桥形，肩部着地，腿放在球上（参见图5.21a）。

动作

• 髋部下降，短暂接触地面（参见图5.21b），然后返回初始位置。

• 重复动作。

图5.21 SB臀桥（双腿）：（a）起始位置；（b）髋部下降。

SB提髋（双腿到单腿）

SB提髋是SB臀桥之后的一个基本过渡动作。能够同时增强后部核心，并拉伸前部核心，以及相关联的腓肠肌。是一种十分有效的增强腘绳肌群的方式，并且能提高步幅长度以及跑步速度。与SB臀桥一样，此处描述的练习是双腿进行的，但是目标是能够尽快进行单腿练习，双腿交替练习，每组15个。

起始位置与SB臀桥相似，但是脚部位置不同。仰卧，双臂向外45度伸展，手掌向下。将稳定球放在脚下，膝盖和脚踝并拢。向上提髋，呈桥形，肩部着地，脚放在球上面（参见图5.22a）。髋部快速下降接触地面（参见图5.22b），重复臀桥动作。

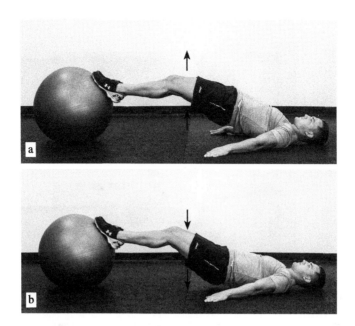

图5.22　SB提髋（双腿）：（a）臀桥；（b）髋部下降。

SB屈腿（双腿到单腿）

细节和益处

•这是一个基本的腘绳肌康复性练习，是一个锻炼腘绳肌和膝盖屈肌的有效方式。

•对于跑步或采用背部防御姿势的搏击运动员是非常重要的练习。

•此处描述的是双腿练习，但是目标是尽快进行单腿练习，双腿交替进行，每组15个。

起始位置

•仰卧，双臂向外45度伸展，手掌向下。

•将稳定球放在小腿下面（容易）或者是脚踝下面（困难），膝盖和脚踝并拢。

•向上提髋，形成臀桥，双肩着地，双脚放在球上（参见图5.23a）。

•全部运动过程中要始终保持髋部提起。

动作

•屈膝，将脚沿球上面滚动，向后朝向髋部（参见图5.23b）。

•伸直双腿，直至膝盖几乎完全伸展，然后返回起始位置。

•提髋，重复屈膝运动。

图5.23 SB屈腿（双腿）：（a）起始位置；（b）屈膝。

SB挺身

细节和益处

•能够辅助所有下蹲、硬拉和侧弓步变化的基本练习。

•显著锻炼脊椎两侧中部到上部的肌肉，适用于需要屈腰的运动，还有搏击运动中的上举动作。

起始位置

•双膝下跪，将稳定球放在腹部下面。

•在球上保持平衡，保持球和脚的平衡，伸展双腿（膝盖微微弯曲），慢慢将膝盖从地面上提起。

•手放在头部两侧（呈杯状罩住双耳），平衡稳定球和球与脚的平衡。

动作

•绕球弯曲核心（参见图5.24a），尽量伸展脊柱，但不要对背部下侧产生疼痛或压力（参见图5.24b）。

•绕球弯曲重心，重复伸展动作。

图5.24 SB挺身：（a）沿着球弯曲身体；（b）伸展脊柱。

SB反向挺身

细节和益处

•硬拉和下蹲动作的基本练习。

•与SB拉伸动作完美互补，作用于脊柱两侧肌肉、髋部和股后群肌。

起始位置

•双膝下跪，将稳定球放在腹部下面。

•在球上滚动，直到双前臂在地面上保持水平，彻底拉伸双腿和髋部，膝盖和双脚并拢（参见图5.25a）。

动作

•用双侧前臂保持与球的平衡，慢慢地弯曲髋部，直到双脚几乎可接触地面（参见图5.25b）。

•慢慢地伸展髋部，直到身体完全伸直，在移动的最高点短暂停留。

•整个运动过程中保持双腿伸直并绷紧。

图5.25　SB反向挺身：（a）起始位置；
（b）髋部弯曲，双脚下放接触地面。

SB滚木

细节和益处

•SB屈膝和侧身T型平面支撑（第4章）之后的过渡练习。之后可进阶至SB滑雪。

•伸展位置能够降低对稳定性的要求，但是能保持胸椎的大幅度活动范围。

•对高尔夫运动员和搏击运动员等需要较高的上部脊柱（如胸椎）灵活性的选手是优质的练习方式。

起始位置

•双手放在地上，稳定球放在大腿下侧，类似处于俯卧撑位置。

•眼睛始终盯住地面。

•保持核心收紧，避免脊柱过度伸展。

动作

• 双手保持运动的稳定性，向右旋转髋部，大腿右侧外部放在球上（参见图5.26a）。

• 向左转动髋部，移动时保持手臂伸直。如果要减少脊柱旋转，可以在旋转时弯曲手肘。

• 身体两侧重复旋转动作。

图5.26 SB滚木：（a）髋部左转；（b）髋部右转。

SB滑雪

细节和益处

• 在SB滚木、SB抬膝、俯卧撑和平面支撑之后的中级到高级训练。

• 非常棒的重心旋转练习，也对肩部稳定性有很高的要求，这个练习在滑雪运动员、冲浪运动员、搏击运动员和高尔夫运动员之间很受欢迎。

起始位置

• 双手放在地板上，将稳定球放在大腿下面，类似处于俯卧撑位置。

• 向胸内部屈膝，直到髋部和膝盖部位弯曲到90度，膝盖放在球上面（参见图5.27a）。

动作

• 双手控制运动，向右旋转髋部，把左大腿外侧置于球上（参见图5.27b）。

图5.27 SB滑雪：（a）起始位置；（b）向右旋转髋部。

• 为了脊柱可以更大幅度地旋转，在移动过程中保持手臂伸直。如果想让脊柱旋转减少，可以在旋转过程中弯曲手肘。

• 身体两侧重复滑行动作。

其他工具

如果没有展示一些更受欢迎的功能性训练工具，那么任何一本功能性训练的书都不能称之为完整的。我选择了在运动稳定性，敏捷性，反应灵敏度和爆发力方面五个最受欢迎的设备。这些设备很容易获得，并且价格便宜，而且大部分的设备都方便携带。这部分的练习简单有效，与此书中描述的训练计划能够完全整合。

注释：一定要确保阅读并遵守所有的厂家建议，警告，和说明，然后才能使用设备进行练习。如果对如何使用此设备还有问题或疑问，与有认证资质的，并且精通速度，敏捷性和反应性训练的健身专业人士进行咨询。

振动杆投掷

细节和益处

•振动杆或振动棍是一种能够将振动传到身体各个部位的设备。其中两个主要的型号是弹性杆（沿着所有运动平面提供振动，就像钓竿一样）和桨叶振动棍（沿着其中的一个运动平面提供振动，就像弓一样）。桨叶振动棍更容易控制，但是振动杆的挑战更大。

•振动能够增强并促进肩部的稳定性，但是对脊柱和髋部要求的程度更低。

•这个练习对经常进行投掷运动的运动员十分有益。

起始位置

•假设双腿分开站立。

•双腿分开的距离应该与髋部距离一样。

•双脚分开到髋部的宽度，左脚在前，双膝微弯，呈基本运动准备姿势，右脚跟离地。

动作

•保持核心收紧，右手抓着振动杆，开始向上向下振动，不需要抓得太紧。移动距离应该很短（几英寸），移动应该简单，应该肩部发力。振动杆的振动不能让重心或髋部产生移动（即杆晃动）。

图5.28 振动杆投掷。

•振动杆振动的时候，手臂保持投掷动作（参见图5.28）。重复动作，直至完成规定的重复次数。改变站姿，用左臂进行练习。

振动杆12点钟方向振动

细节和益处

•将振动传递到身体的核心来刺激肌肉以促进核心的稳固。

•是一种在复原阶段或者是轻量训练中加强核心稳定性的有效性练习，对帮助运动员准备高强度旋转练习效果极佳。

•能够在搏击或者高尔夫挥杆中非常有效地提高肌肉的控制力。

起始位置

•双脚分开，与肩同宽，膝盖微弯。

•双手交叉，垂直握住振动杆。

动作

•保持核心收紧，开始在两侧强力振动叶片（参见图5.29）。

图5.29　在12点钟方向震动振动杆。

•振动应该短距离（几英寸），简单，肩部发力，并传递到核心。

•振动杆的振动不能导致核心或者是髋部的移动（即晃动）。

敏捷梯开合跳

细节和益处

•这是最受欢迎的场地或田径设备，能够增进敏捷性和脚步速度。

•类似于跳房子和跳绳，可以横向练习，更加注重反应速度。

•是一种很简易的运动，用于开发踝关节稳定性，并且提高减速的能力，以及横向换向的能力。

•非常适用于田径和场地运动员，例如足球运动员、网球运动员和篮球运动员。

•使用一个完整的梯子[10码（9米）]来学习如何移动。一旦掌握了动作要领，就使用半个梯子[5码（4.5米）]来进行提速。

起始位置

•站在梯子末端。

•双脚分开，与肩同宽，膝盖微弯。

动作

•双脚跳入梯子的第一个空格里面（参见图5.30）。

•跳到下一个横档外面，岔开双脚，然后马上双脚跳进下一个空格里面。

- 在整个梯子长度范围内重复跳进跳出动作，每个格子都要跳进去。
- 练习时用脚趾肚着地。
- 练习到可以有一个稳定的节奏之后才可以提速。

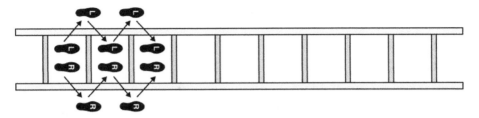

图5.30　敏捷梯开合跳。

敏捷梯侧向旋转跳

细节和益处

- 这是敏捷梯开合跳练习之后的很好的锻炼，是BP旋转的互补。
- 能够提高运动中脚步动作复杂的短距离滑步和旋转跳跃能力，例如拳击和足球。
- 使用一个完整的梯子[10码（9米）]来学习如何移动。一旦掌握了动作要领，就使用半个梯子[5码（4.5米）]来进行提速。

起始位置

- 站在梯子末端，梯子位于身体右侧。将脚放进梯子的第一个空格中，左脚放在梯子外面，第一个空格的左侧。
- 双脚分开，与肩同宽，膝盖微弯。

动作

- 向右跳，髋部旋转90度，与此同时，左脚放在梯子第一个空格里面，右脚放在第二个空格的外侧（参见图5.31）。
- 一落地就立即向右跳，向左90度旋转髋部，同时将右脚放在梯子的第二个空格之中，左脚放在第一个空格外面。
- 当移动到梯子右边的时候，右脚带领左脚，左脚始终跟着右脚进行移动。
- 沿着梯子顺序进行。当跳到梯子末端的时候，返回，从左侧按照相同的顺序进行。
- 当移动到梯子的左侧时，左脚带领右脚，右脚始终跟随左脚进行移动。

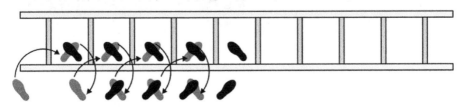

图5.31　敏捷梯侧向旋转跳。

低栏跑

细节和益处

• 可以使用各种模式和材料。低栏的高度为6~8英寸（15~20厘米），用于指导膝盖上提或跳跃练习。大部分的训练可以采用6~10个低栏。

• 此练习对于热身十分有益，同时也是奔跑和双动力技巧的补充。

• 能够在奔跑的加速阶段提高髋部屈曲和抬膝能力。

起始位置

• 将6~10个低栏以20~24英寸（51~61厘米）的间隙摆开，距离取决于运动员的身材、运动能力以及练习的速度。

• 站在位于第一个低栏大约2英尺（61厘米）远的前方。

动作

• 跑过每个低栏（参见图5.32），将左脚放在第一个与第二个低栏之间，将右脚放在第二个和第三个低栏之间，在跑过低栏的全程中按顺序重复此动作。

• 当保持高度膝盖抬起的状态时，用落地脚的脚趾肚受力，保持另一条腿的脚和脚趾头向上。

• 保持笔直向上的姿势，肘部弯曲90度。用肩部而不是用肘部带动手臂摆动。

图5.32 低栏跑：（a）左脚放在第一个与第二个低栏之间；（b）右脚放在第二个与第三个低栏之间。

低栏对角跳跃

细节和益处

•用来增强低幅跳跃运动能力的有效练习。

•提高跳跃和奔跑急需的脚踝稳定性和力量。

起始位置

•将6~10个低栏呈Z字形摆放好，两个低栏之间的夹角为90度。

•站在第一个低栏外边，双脚并拢，膝盖微弯。

动作

•对角方式跳过每个低栏，面部始终朝向低栏摆成的线的末端（参见图5.33）。

图5.33　低栏对角跳跃：（a）第一跳；（b）第二跳。

•脚趾肚着地，双脚和膝盖并拢。肘部弯曲90度，呈放松姿态。

曲棍六边形练习

细节和益处

•曲棍是一种廉价、易得到，且易使用的工具，能够提供不同方式的敏捷性练习。

•曲棍六边形练习是一个长期用于评估和开发敏捷性的极佳练习方式。

•能够提高并评估户外运动和场地运动的敏捷性，例如网球和足球。

起始位置

•将曲棍放置成六角形状。

•站在六角形状内侧，双脚并拢，膝盖微弯。

动作

•双脚跳过曲棍然后返回中心（参见图5.34）。面部始终朝向六边形，继续顺时针跳跃到六边形的每条边处，始终返回中心，直至六边形跳跃完毕。

• 顺时针进行三轮跳跃，然后逆时针进行三轮，这样视为一组练习。

• 记下每三轮同一方向所花费的时间。这样能够发现哪个方向的跳跃是弱点，以及如何练习能够提高运动对称性。

• 保持直立的姿势，肘部弯曲90度，始终面朝六边形的前方。

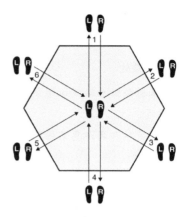

图5.34　曲棍六边形练习。

曲棍交叉旋转跳跃练习

细节和益处

• 能够补充敏捷梯侧向旋转跳跃的极佳练习。

• 能够提高双脚在短时间内复位的灵活性，适用于搏击和场地运动，例如柔道和篮球。

起始位置

• 将曲棍交叉摆放。

• 双脚跨越其中与你垂直的那根曲棍的下方站立，面朝另外三个部分。

• 双脚分开，与肩同宽，膝盖微弯。

动作

• 双脚向右起跳，左脚落在水平曲棍的左侧，右脚落在水平曲棍的右侧（参见图5.35）。

• 再次双脚向右起跳，左脚落在垂直曲棍的右侧，右脚落在垂直曲棍的左侧（此时你面朝的方向与起始时的朝向是相反的）。

• 继续跳跃两次，直到回到起始位置上。逆时针重复动作。

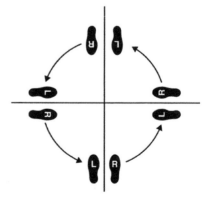

图5.35　曲棍交叉旋转跳跃练习。

甩绳上下交替

细节和益处

• 绳索是一种价格便宜、用途多样、方便使用的工具，能够提供极佳的核心和上肢肌肉稳定性和耐力练习。

• 绳索长度可以达到40~60英尺（12~15米），直径可以达到1.5~2英寸（4~5厘米）。

• 绳索的交替起伏是振动杆投掷和DB水平飞转的高级版。

• 这个练习能够提高肩膀稳定性和耐力，同时增进核心稳定性，在投掷运动员和搏击运动员中很流行，例如投球手和摔跤运动员。

起始位置

• 将绳子绕在一个坚固的结构上面，绳子两边一样长。

• 站立，将绳索展开，握在手里。

• 向定位点迈一步，将绳索放松。

• 每只手握住绳子的一端，双脚分开，与肩同宽，膝盖微弯。

动作

• 核心收紧，抬起右手，同时放下左手，将每根绳子舞动至波浪起伏，尽量与肩同高（参见图5.36）。

• 尽量保持髋部与核心不动，保持核心稳固。

图5.36　甩绳上下交替。

• 按照规定的时间或重复次数进行。

甩绳画圈（顺时针和逆时针方向）

细节和益处

• 这是一个振动杆投掷和DB水平飞转的补充。

• 能够提高肩部稳定性，特别是内部和外部旋转时，能够提高核心稳定性。

• 这是一个能够提高投掷运动能力的练习，例如网球发球、排球发球和棒球投球。

起始位置

•将绳子绕在一个固定的结构上面，两端长度相等。

•站立，将绳子展开，握在手里。

•每只手握住绳子的一端，双脚分开，与肩同宽，膝盖微弯。

动作

•双手同时向外画圈（参见图5.37），使甩绳画圈的高度尽量与肩同高。

•左手逆时针旋转，右手顺时针旋转。

•尽量不要移动髋部与核心，保持核心稳定。

•按照规定的时间或重复次数进行。

图5.37　甩绳画圈（顺时针和逆时针方向）。

侧滑

细节和益处

•侧滑是指在带有光滑平面的板子上，用特殊的"鞋套"来模拟滑冰动作。是一种很好的能够采用最小冲击提高横向变向能力的设备。

•侧滑是一种很好的提高横向变向和高速加速能力的运动。

•能够提高下半身力量和髋部稳定性，特别是腿部伸展时髋部内旋和外旋的稳定性。

•对于提高田径运动员和场地运动员以及滑冰运动员的切步变向能力效果很好。

•可以使用负重背心或者是在运动员的腰部加一个带子来提供侧向阻力。

•侧滑板的最常见长度是6~8英尺（1.8~2.4米），但是可以采用4~5英尺（1~1.5米）的滑板来学习如何移动。

•在练习前学习如何移动，避免腿部内侧肌肉拉伤。

起始位置

•将滑板放在一个不打滑的平面上，将厂家建议的靴子（鞋套）套在鞋上面。靴子会对滑板进行保护，并能在滑板表面上平顺地滑动。

•站在滑板左端，左脚外侧与端板左侧接触。

•膝盖与髋部弯曲，呈运动准备姿势，就像准备好横向移动一样（参见图5.38a）。

动作

- 左脚用力从滑板一端推出，身体重心下降，依然处于运动基本姿。
- 在滑板上保持低重心滑一大步，直到右脚与滑板右端相接处（参见图5.38b）。
- 右腿弯曲，吸收冲击力。立即蹬住滑板，向左滑动。
- 继续进行两侧交替滑冰运动，身体放低，步子迈大。

图5.38 侧滑：（a）起始位置；（b）滑动。

滑跑

细节和益处

• 可以练习跑动以及搏击运动中的踢腿以及膝盖碰撞中所需的抬膝运动。

• 提高下半身特别是髋部屈肌的重心稳定。

• 在短跑运动员和搏击运动员中很受欢迎。

起始位置

• 将滑板放在不打滑的平面上，将厂家建议的靴子（鞋套）套在鞋上。鞋套能防滑，能够在表面上进行平滑的移动。

• 双手放在地板上进行平面支撑动作，手部位于滑板外侧一端，双脚放在中间。

• 弯曲右侧髋部，膝盖弯曲大约90度，将右脚朝胸部滑动，左腿伸直（参见图5.39a）。

• 在整个移动过程中保持核心和肩部稳定且收紧。

动作

• 爆发性伸直右腿，同时弯曲左髋和左膝，并将左腿向胸部移动（参见图5.39b）。

• 继续进行跑步动作，按照规定时间或重复次数进行，同时保持肩膀收紧和核心稳固。

图5.39　滑跑：（a）起始位置；（b）伸展右腿，弯曲左髋和左膝。

传统力量练习

很多健身专家都认为采用自由重量和阻力器械的传统训练不能被视为功能性训练。但是，如果需要快速增肌，传统的重量训练方式仍然能达到效果。因此，很多运动员在寻求能够额外增加肌肉质量和功能的时候，就需要一种能够将传统训练和功能性训练无缝衔接在一起的体系。为了帮助大家生成这样一种体系，我也提供了一些常见的传统练习方式，这样能够给需要的运动员增加力量和围度。在本书中的训练计划设计部分，我解释了如何将传统的塑身练习和功能性训练结合在一起。不同于功能性训练中比较复杂的描述，在这一部分我会提供一个简单的说明以及图片，来描述起始位置和动作。

我只提供了几个传统练习的示例，它们还有很多的变化。例如，对于杠铃深蹲练习，可以通过哑铃进行下蹲，效果相同。同样的是，哑铃练习如哑铃俯身划船，能够很容易地使用杠铃版替代。阻力练习器材和自由重量设备可以交替使用。例如，杠铃健身椅仰卧推举可以用推胸机进行替换。替换的对等练习也能适用于你需要的练习计划。

腿部推蹬机

蹬腿练习是一种传统的力量练习方式，能够锻炼整个下半身。

起始位置

•坐在腿部推蹬机上。

•将脚放在踏板中间，双脚朝上，分开与肩同宽。

动作

•打开安全扣，伸开双腿，推蹬重量（参见图5.40a）。

•屈膝，尽量将负重下降，但不能将髋部离开座位，也不能弯曲后腰（参见图5.40b）。

•双腿完全伸开，重复推蹬动作。

•确保后背始终保持挺直在靠背上面，臀部在整个移动过程中始终在坐垫上面。

图5.40 腿部推蹬机：（a）伸腿；（b）重量下降。

杠铃深蹲

杠铃深蹲是众所周知的所有拉起动作之王，对整个身体都会产生作用，特别是核心和双腿。

起始位置

• 用杠铃在肩部高度以下设置一个支架，在预计的深蹲高度以下1~2英寸（3~5厘米）设置安全架。

• 双手对称抓住杠铃，位于肩膀外侧。

• 走到杠铃下方，让杠铃落在斜方肌的肌肉上方，颈部正下方。

动作

• 立于重量下方，控制平衡。

• 向后退几步，双脚分开，与肩同宽，保持在安全架上方（参见图5.41a）。

• 保持核心收紧，挺胸，以髋部为轴，屈膝，将重量下放（参见图5.41b）。

• 当达到理想的下蹲深度时，站直起来，重复此动作。

图5.41　杠铃深蹲：（a）起始位置；（b）深蹲。

杠铃硬拉

杠铃硬拉是一种核心力量练习，主要作用于下腰背、髋部和腘绳肌群。硬拉的方式多种多样。大部分运动员采用的是奥林匹克硬拉。

起始位置

•将杠铃放在地上。逐渐靠近横杆直到接触小腿，此时双脚分开，与髋部同宽。

•保持后背挺直和核心收紧，弯曲膝盖和髋部，身体下降，双手分开与髋部同宽，抓住杠铃横杆。

动作

•当抓住横杆时，继续保持核心收紧，双腿发力，提起杠铃（参见图5.42a）。

•当横杆沿着小腿提升时，双腿伸直，将横杆提过膝盖。

•当横杆拉过膝盖之后，髋部伸展，提起杠铃，直到身体完全伸直，硬拉完成（参见图5.42b）。

•相反顺序，将杠铃放回地面。

图5.42 杠铃硬拉：（a）开始拉起；（b）身体完全伸展，完成动作。

45度背部伸展

45度背部伸展对整个后侧肌肉链都有很好的锻炼作用。

起始位置

• 滚筒或垫板的位置要刚好处于髋线下方，这样髋部才能自由地折叠。

• 将大腿放到垫板上，双脚踩在踏板上，脚跟钩在腿部垫板下方。

• 双脚朝前，此时训练重点为腘绳肌群；或者是双脚朝外，此时训练重点为髋部。

• 将双手在胸前交叉，或者是放在头部两侧。如果想增加额外的阻力，可以在胸前抱一个药球或是配重片。

• 在全部运动过程中保持膝盖微弯，避免膝关节过度伸展，能够更有效地促进腘绳肌群的参与。

动作

• 保持胸部向上，后背伸直，膝盖微弯，以髋部为轴心折叠，降低上身高度（参见图5.43a）。

• 尽可能降低上身，但脊柱不能弯曲。

• 当髋部下方呈弯曲状态时，收紧臀大肌和腘绳肌群，直到身体完全伸直（参见图5.43b）。

图5.43 45度背部伸展：（a）上半身下降；（b）伸展身体。

单腿45度背部伸展

可以通过改变动作，升级到单腿练习，以此来提高练习的强度（参见图5.44）。

图5.44 单腿45度背部伸展。

杠铃健身椅仰卧推举

杠铃健身椅仰卧推举是一种最常见的练习，用于塑造并加强上身的力量，特别是胸肌、前肩以及肱三头肌。

起始位置

- 躺在水平放置的健身椅上，双脚平放在地面上，头部始终放在健身椅上。
- 双手抓住杠铃的横杆（掌心向下），双手伸展宽度超过肩宽。
- 将杠铃从架子上取下，抓住横杆，双臂伸直，与肩关节保持垂直（参见图5.45a）。

动作

- 将横杆下降到胸部中央，肘部与横杆始终呈一条直线，并位于横杆下面（参见图5.45b）。
- 当横杆位于最低点的时候，将其推回到起始位置。

图5.45 杠铃健身椅仰卧推举：（a）起始位置；（b）横杆下降。

杠铃健身椅上斜推举

杠铃健身椅上斜推举是一种很普遍的上肢练习，侧重于增强肩膀和胸部上侧肌肉的力量，同时也对肱三头肌的练习有益。

起始位置

•采用专用的健身椅或者是设置一个架子，以及靠背角度在30度~45度范围内可调的训练凳。

•躺在健身椅上面，双脚平放在地面上，后背和头部始终放在健身椅上进行支撑。

•采用正常握方式抓住横杆，双手伸展宽度超过肩宽。

•将杠铃从架子上取下，双臂伸直，在肩关节上保持竖直状态（参见图5.46a）。

动作

•将横杆下降到胸部中央，肘部与横杆始终呈一条直线，并位于横杆下面（参见图5.46b）。

•当横杆位于最低点的时候，将其推回到起始位置。

图5.46 杠铃健身椅上斜推举：（a）起始位置；（b）横杆下降。

杠铃过头推举

杠铃过头推举能够加强肩膀和上臂的力量，特别是三角肌、斜方肌和肱三头肌。这个练习能够在专用的肩部推举训练器上进行，或者是采用站姿使用负重架进行。此处呈现的是站姿练习。

起始位置

• 在肩部高度下方采用杠铃横杆设置一个支架。

• 确保在胸部下方设置一个安全架，应急时使用。

• 采用正常握的方式抓住横杆，双手伸展宽度超过肩宽。

动作

• 举起横杆，在锁骨处稳住，向后退几步，站在安全架区域（参见图5.47a）。

• 将横杆推举过头顶，直到双臂锁定，并且负重刚好位于头顶正上方，与头部、肩膀、髋部、膝盖和脚踝呈一条直线（参见图5.47b）。

• 将横杆下降到起始位置。

图5.47　杠铃过头推举：（a）起始位置；（b）推举过头顶。

下拉

下拉是一种传统的力量练习方式，作用于后背的肌肉，特别是背阔肌、肱二头肌和前臂。这个练习能够使用插片式健身器或者是端部有横杆的绳索进行。此处描述的是插片式健身器版本。

起始位置

• 调节板凳的高度，以便能够坐在上面，并接触到头顶的横杆。

• 坐在凳子上，抓住手柄。

• 采用正常握的方式抓握住横杆，双手距离超过肩宽。

• 通过收缩并放回的方式稳住肩胛骨。

• 目视前方，脊柱微微弯曲，核心稳定。

动作

• 保持核心收紧，慢慢将手柄拉到锁骨的高度，刚好位于胸部上方（参见图5.48a）。

• 当手柄到达底部时，再慢慢将手柄送回起始位置（参见图5.48b）。

图5.48 下拉：（a）将手柄下拉；（b）慢慢将手柄放回上部。

坐姿划船

坐姿划船是一种着眼于后背和肱二头肌的拉伸练习。这个练习可以通过一个插片式健身器或者是端部带有手柄的绳索来进行。此处描述的是插片式健身器版本。

起始位置

• 坐在座位上，双脚与地板平行。如果有踏板，双脚放在踏板上。膝盖弯曲，背部挺直，胸部靠在胸垫上面。

• 双手向前伸握住手柄。手臂此时伸直。

• 在练习中保持肩部向后收紧。手和手腕间始终呈一条直线（参见图5.49a）。

动作

• 胸部靠在胸垫上面,进行

图5.49 坐姿划船：（a）起始位置；（b）划船。

划船动作（参见图5.49b），弯曲肘部（肘部应直接向后运动），直到双手刚好位于上腹前方。

• 慢慢返回起始位置，当肘部几乎伸直时停止动作，重复进行练习。

哑铃俯身划船

哑铃俯身划船是一种传统的后背训练方式，也能锻炼肱二头肌和前臂。此锻炼可以采用几种脚部位置和稳定方法。此处描述的是板凳稳定支撑的平行站立方式。

起始位置

- 距离板凳或者是其他低矮稳定器材2~3英尺（0.5~1米）远。
- 将哑铃放在人与板凳之间。
- 双脚分开，与肩同宽。
- 将左手放在板凳上面，微微弯曲双膝，稳定核心部位。
- 保持核心和肩膀收紧，并始终与地面保持平行。

动作

- 右手握住哑铃（参见图5.50a）。
- 确保后背平直，将哑铃划到胸外侧（参见图5.50b）。此时只有右肩和右臂移动。
- 当哑铃到达身侧后，慢慢将它放下，直到右臂伸展。
- 重复划船动作，身体两侧交替进行。

图5.50　哑铃俯身划船：（a）起始位置；（b）划船。

杠铃上举划船

杠铃上举划船练习是一种能够锻炼上身，特别是上背部、肩部侧面和后方肌肉的练习。这个练习可以通过哑铃、横杆和绳索，或者是杠铃进行。

起始位置

- 采用正常握方式抓住杠铃，双手分开距离超过肩宽。
- 双脚分开与髋部同宽，膝盖微屈。
- 髋部微微弯曲，身体核心保持挺直和稳固，并在动作全程保持此状态。
- 身体自肩部、髋部、膝盖到脚踝在垂直方向上呈一条直线（参见图5.51a）。

动作

- 向上拉伸杠铃到胸部下方，手肘与肩膀保持水平（参见图5.51b）。
- 慢慢将杠铃放下，直到双臂伸直。
- 重复向上划船动作。

图5.51 杠铃上举划船：（a）起始位置；（b）划船。

小结

第4章和第5章提供了一系列的综合性训练动作，能够针对不同运动项目制订不同的功能性训练计划。其中也包含了传统练习方式，可以将功能性训练与传统训练结合在一起来达成最佳训练效果。目前我们已经做好进入计划功能性训练方案部分的准备，同时开始进入本书的第三部分。在下一章，我们会讨论训练周期的理论和方法。

第三部分

训练方案

第 6 章

训练方案设计

在体能训练领域，训练周期是一个非常重要的概念。训练周期是指根据理论上的训练模型，在特定的时间段内安排确定各种训练变量来组织训练。组织和管理训练变量的原因在于，避免过度训练和在某个特定时间点达到运动员的极限。尽管许多教练和运动员都了解训练周期，仍然还有许多人不知道如何制定周期性的力量训练方案。谈到功能性训练的训练周期，很多人更加困惑，而且没有普遍定义，很难量化。本章涵盖了训练周期的概念，解释了如何将其应用到传统训练中，并类推到功能性训练中。将训练周期应用到功能性训练中，可以打造前所未有的身体素质。而且周期性功能训练可以开发出来的力量，目前我们了解的还只是冰山一角。

训练变量

训练周期中有两个主要训练变量：运动量和强度。运动量可以用重复的总次数表示（组数乘以重复次数）或总吨位（重复次数乘以每次举起的重量）。本书我们将使用最常见的表示方法：重复的总次数。通常在训练的开始阶段，运动量很高。这样运动员可以练习和开发有效的运动。此外，也给了结缔组织重组的时间，使之变得更强壮。随着训练过程进阶，与运动量密切相关的还有第二个变量，即强度，它在训练过程中的作用也非常重要。

强度是指练习时的负荷，并且与运动量成反比。尽管多种因素可以影响负荷，但强度通常与所用的重量相关，或与移动身体所受的阻力相关。在训练开始时，运动量高，强度就低。在训练初始阶段负荷越轻，就可以重复更多的次数，训练量就越大。训练进程达到几周或几个月后，训练量减少，同时训练强度增加（参见图6.1）。

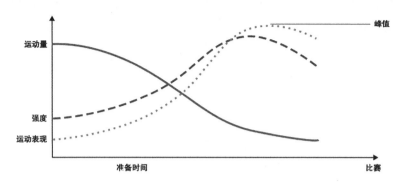

图6.1 训练周期模型。

其他需要考虑的重要变量是训练频率和训练持续时间。但是，这些变量也是表示运动量和训练强度的方法。例如，需要高运动量的运动员可以在一天当中将训练分散成更多的训练小节，在每一个训练小节减少训练量，进而增加总运动量。这种高频率运动缩短了恢复时间，因此强度必须显著降低以避免过度训练。反之，如果需要更高的训练强度，训练小节的持续时间必须减少，方能维持更高强度的作功和爆发力输出。

训练周期

训练周期涉及训练量、强度和与时间相关的变量。这些因素可以按四个阶段（或周期）进行组织：（1）增肌和适应性阶段；（2）力量阶段；（3）爆发力阶段；（4）爆发力耐力阶段。训练周期阶段是开发运动员生理机能所采用的方法，就像建筑师盖房一样（参见图6.2）。首先，要打下坚固的地基（如增肌和适应性阶段）；第二，墙必须树立在坚固的地基上（如力量阶段）；第三，屋顶必须建立在结实稳固的墙上（如爆发力阶段）；第四，建造门和窗，完善房子的功能（如爆发力耐力阶段）。下面我们谈谈每个训练周期阶段的特定训练强度，以及训练强度如何影响每个阶段的所选练习。

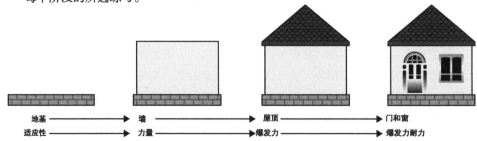

图6.2 建造训练周期的"房子"。

负荷和强度分配

许多运动员根据他们一次动作中可以完成的负荷来指定负重，这个重量又名一次极限负荷，或缩写为1RM，所有训练周期的特定阶段都可以根据1RM的百分比作为负荷。负荷设定可能是最令人困惑和头痛的，这也使得很难划分功能性训练的周期。

根据1RM的百分比设定负荷的问题很多。首先，出于多种原因，1RM每周甚至每天都会改变，从情绪到睡眠质量再到饮食都会对其产生影响。另外，由于在训练的早期阶段可能出现的人体神经学习过快的现象，会导致力量迅速增加。但在训练中每周或每天都测试1RM是不现实的，所以1RM数值在训练期间的任何时间点都可能会错。一个错误数值的百分比必然是一个错误的负荷。因此，自20世纪90年代之后，我就不使用1RM百分比了。

使用多次重复外推法可以大致地估算1RM。此方法不仅让我能够估计1RM，还能帮我们估计1RM百分比（参见表6.1）。将重复次数分配至每个1RM百分比是最容易的方法，使用正确的强度训练，就不用再担心1RM的准确性。这种方法考虑到了1RM不断变化产生的所有问题，以及相应的百分比。使用表6.1中的比例，如果想在指定的1RM值的85%的范围内训练，我们可以简单地选择我们能够举起并重复6次的负荷。

估计重复次数不仅避免了测量1RM带来的问题，还有助于我们设定难以测量出1RM强度值的练习，例如单腿下蹲。使用估计重复次数的方法，再加上一点功能性训练的知

表6.1　1RM百分比和重复次数

最大负重百分比（%1RM）	最多
100%	1
95%	2
90%	4
85%	6
80%	8
75%	10
70%	12
65%	14
60%	16

识，我们就可以使用有根据的科学理论为功能性训练划分周期。例如，如果我们想要练习80%强度的俯卧撑，我们可以简单地调整力臂、支撑点或推起的动作幅度，使其足够艰难，以至于只能完成8次。

负重走路时，选择负重很容易；我们可以容易地选择负重和调整负重。但是，在功能性训练中，客观地处理负重并不简单。我们需要使用更主观的衡量办法。让我们看看如何进行练习方法选择，以及如何使用进阶的概念在功能性训练中制定训练周期各个阶段的方案。

使用胸部作为例子，我们可以考察传统力量训练是如何选择负荷参数的，以及其负荷和强度与功能性训练模型有何不同。如果是一名强壮的运动员，在力量训练阶

段，需要选择为胸部提供高强度力量训练的练习，健身椅推举或胸部练习器械都是不错的选择。要选择力量强度，运动员可能挑选对应1RM85%～90%的负荷，或最多重复4～6次的负荷。使用传统训练方法，为器械加载特定负重时，就如同在天平上增加砝码一样简单。但是，如果此运动员想要使用功能性训练，并想为胸部提供相同的训练强度时该怎么办呢？过去认为，功能性训练不能划分周期，因为不能量化和设定负荷，尤其是针对较高的强度。但是现在我们对功能性训练认识更多了。

使用功能性训练进阶，任何功能性练习都可以操作至所需的训练强度。在我们的例子中，强壮的运动员可使用多种功能性胸部练习进阶，来获得最出色的胸部训练，例如俯卧撑。甚至，如果此运动员能做20次或更多的自重俯卧撑，我们就可以估计出强度为4~6次（即85%~90%的1RM）的MB单臂俯卧撑进度（第5章）。此方法可用于任何身体部分和任何功能性训练进度。使用本书之前讨论过的细微调整（如支撑点、力臂、速度和动作幅度范围），任何功能性练习可以调适到适当的训练强度。

出于本节讨论的及其他更多原因，在本书余下部分，我们将使用多次重复方法指定每个训练阶段的强度和负荷。记住，在训练周期的各个阶段所选择的训练负重百分比、1RM测量法以及表6.1中的信息，都是让训练更加简单有效的指南。我想说的最后一件事情是不要将训练变成计算和测量的噩梦。现在，让我们来看看训练周期的每一个阶段。

适应和增肌阶段

适应和增肌阶段是运动员可能好几年都停滞不前的最常见阶段。如果我们问运动员一个练习做多少组和多少次，最常见的答案是3～5组，每组10次。这可能是增肌阶段最常见组数和重复次数的范围，适应和增肌总是被划分在同一阶段，好像在训练周期当中这两个词是同一类别。

适应和增肌阶段最与众不同的特性是每次训练或每周训练完成的总训练量。而在此阶段，训练量是最高的。适应和增肌阶段的特征是高运动量，所以重复次数也多。从增肌角度来看，反复的肌肉纤维微创和随后的重建需要高运动量和很多时间，以便发生肌肉增长反应。从功能性角度来看，大运动量训练中典型的大量重复次数是很有必要的，同时需要准确地执行动作。

尽管有多种方法和策略可以用于设定适应和增肌阶段的每周训练量，但我发现如有必要，每个身体部位（如腿部、胸部、背部）12～20组，每组重复8～15次，对于打造训练基础和增肌是非常有效的。例如，如果运动员想针对腿部和髋部开发体能训练方案，则方案中可以包含每周12～20组腿部练习的运动量，每组可以包含8～15的重复次数，或一个大致的、重复10～20次的范围。此方案可以采用多种方法来组合（参见表6.2）。正如我们在表中看到的，每周腿部的训练总量是12～15组。但是，建议在两次腿部训练周期之间要有一个休息日。

表6.2　针对腿部的传统和功能性每周适应性训练方案

传统方法

每周一天	每周三天
星期一: 杠铃下蹲 4或5×15 负重交替弓步（DB） 4或5×每侧10次 杠铃硬拉 4或5×15	**星期一:** 杠铃下蹲 4或5×15 **星期三:** 负重交替弓步（DB） 4或5×每侧10次 **星期五:** 杠铃硬拉 4或5×15

功能性方法

每周一天	每周三天
星期一: KB单臂摆动 4或5 ×15 DB或KB侧弓步 4或5 ×每侧10次 BP硬拉 4或5 ×15	**星期一:** KB单臂摆动 4或5 ×15 **星期三:** DB或KB侧弓步 4或5 ×每侧10次 **星期五:** BP硬拉 4或5 ×15

　　正如你所看到的，适应和增肌阶段的练习集耐心、学习和高重复次数于一体，训练量较大。高运动量的训练为你打下一个牢固的基础，然后在此基础上可以着手训练周期的第二阶段：力量训练。

力量阶段

　　力量也许是传统力量训练的最重要主题。常见的训练问题是"你的卧推怎么样？"但是，从高强度的角度来看，功能性力量训练与传统力量训练方法并不接近。取而代之的是功能性力量训练的重点在于重复性的功能性运动，这样，在传统力量举中开发的最大力量从某种程度上能够转移至功能性运动。在本小节中，我打破传统地提供了另一个视角，可以像传统训练方法一样设计功能性训练的力量阶段。

　　相比适应阶段，力量阶段的主要训练变量就是强度。高强度、低运动量的训练贯穿整个力量阶段。这个阶段主要采用高训练负重和低次数完成。在这里，适应和增肌阶段的高运动量相当于重点刺激肌纤维和代谢系统，而力量训练更主要刺激中枢神经系统。由于运动量很低，肌肉在负重下并不坚持很长时间，但是高级别的神经冲动和运动单元募集使其成为能量高强度训练周期。另外，相比适应和增肌阶段，每组训练之间不使用完全恢复，力量阶段的高神经要求更高的恢复水平，因此需要更长的休息周期。力量阶段不止是苦差；而且需要慢慢来，推举大运动负荷，使中枢神经系统输出升至更高的水平。

在力量阶段，每个身体部位（如腿部、胸部、背部）每周有效的训练量是每周10~12组，每组重复4~6次。例如，对于经过增肌阶段且对开发胸部力量感兴趣的运动员，针对胸部每周计划的训练量为10~12组，每组仅4~6次，或大致5次。此方案可将训练量分散至每周一天、二天或三天。表6.3展示了一日训练方案和三日训练方案的例子。正如你所看到的，使用功能性训练方法每周针对胸部的训练总量是9~12组。至于适应阶段，每周胸部的训练量并不重要，重要的是参加训练。再次强调，强烈推荐在胸部力量训练周期之间，安排一个休息日。

在力量训练阶段，功能性训练可以发挥显著效用，并且改变我们认为功能训练只是动作训练或康复训练的刻板印象。每个人都见惯了中度强度的功能性训练或重复5~10次更难的动作。但是，在针对力量的高强度功能性练习中，应慎重地采用这一方案训练，重复范围在4~6次的情况并不常见。事实上，我没有在任何文字或在任何其他训练体系中见过。我在大约10年的时间里尝试了此应用。我将功能性训练的力量

表6.3 针对胸部的传统和功能性每周力量训练方案

传统方法

每周一天	每周三天
星期一： 杠铃健身椅仰卧推举 3或4×4~6次 杠铃健身椅上斜推举 3或4×4~6次 杠铃过头推举 3或4×4~6次	星期一： 杠铃健身椅仰卧推举 3或4×4~6次 星期三： 杠铃健身椅上斜推举 3或4×4~6次 星期五： 杠铃过头推举 3或4×4~6次

功能性方法（大猩猩力量训练）

每周一天	每周三天
星期一： 负重屈臂撑 3或4×4~6次 BP交错站立CLA前推 3或4×每侧4~6次 MB单臂俯卧撑 3或4×每侧4~6次	星期一： 负重屈臂撑 3或4×4~6次 星期三： BP交错站立CLA前推 3或4×每侧4~6次 星期五： MB单臂俯卧撑 3或4×每侧4~6次

阶段称为大猩猩力量训练。这样命名的原因很明显：只要努力，我的运动员都可以变得像大猩猩或农场主一样强壮。如果你尝试一下此方法，将会看到功能性力量增加到一个令人惊讶的水平，并且整个训练过程都不必触碰一件传统器械。

力量阶段是讲究质量的高强度训练。此时并不适合通过不完全的恢复训练保持体形。如果我们想要保持某个级别的体能，可以在力量训练之后执行间歇训练。例如，在Versa攀爬机上尝试3~5次，每次30秒的手脚攀爬练习。每分钟大约爬200~250英尺（61米），每两次练习之间休息1~2分钟。力量训练要求精神集中、高度神经投入和良好的恢复。注意此阶段的细节，将为即将面临以速度为主导的爆发力训练阶段奠定好基础。

爆发力阶段

爆发力训练会让人兴奋，投入的时间会很快获得回报。但在我们讨论爆发力训练方案之前，让我们先澄清围绕爆发力训练的很多误解。了解什么是和什么不是爆发力训练，将帮助我们更好地理解此模式下的训练方案。

爆发力训练的误读

有许多方法可以训练爆发力，从奥林匹克举重到药球投掷再到快速伸缩复合训练。围绕爆发力训练有许多误读，所以在开发爆发力的多种方法之间区分一下很有必要。爆发力通过如下这些等式定义：

$$爆发力=力量×速度$$
$$爆发力=训练量/时间$$

第一个等式展示了为什么速度是爆发力的重要因素。负重必须足够轻，运动员才能以合适的速度移动。一个主要的迷思是功能性爆发力训练的合适负重应该是多少。如果我们观察功能性运动负重，我们将注意到负重往往是很轻的。手套、球、球拍、球棍、球棒的重量都是以盎司计算的，不是以十磅百磅计算。因此，运动员的功能性运动爆发力开发应该使用高速度、低负重的模式。开发爆发力时，不应该将有爆发力使用特定器材认为是运动的终极目的。这些器材的作用是使运动员更擅长使用更重的重量移动，这个重量比运动员比赛中使用的重量要更重一些。此外，这些较重负重的移动速度也比竞技中的速度要慢。因此，爆发力训练需要从力量阶段的较重负重进阶至爆发力阶段的较轻负重。爆发力阶段的较轻负重和更快的速度允许运动员将注意力集中在运动速度上。

另外一个迷思是将爆发力训练误认为快速伸缩复合训练。所有快速伸缩复合训练都是爆发力训练，但是并非所有爆发力训练都是快速伸缩复合训练。区别在于，有些爆发力训练（如下蹲后的纵跳）并不使用快速伸缩复合训练典型的肌牵张反射。要调用肌牵张反射，需要快速地拉伸腿部和髋部肌肉的肌腱，例如在跳深时：运动员跳下一个箱子，再从地面弹起，跳上另一个箱子。哪怕是纵跳之前的反向运动，也不能像跳深一样提供足够速度来激活肌牵张反射。药球胸前投掷和重复性的扑跳俯卧撑也是相同的道理。与重复性的扑跳俯卧撑不同，胸前投掷制造了有效的爆发力训练，但是拉伸反射并不足够快，所以不具备快速伸缩性，有效的爆发力训练并不一定有快速伸缩性；快速伸缩性和非快速伸缩性能力训练都能够成功提升爆发力。更大胆的说法是，非快速伸缩性爆发力训练最棒的地方是避免了繁重快速伸缩性训练可能导致的磨损和撕裂。对于较年轻和体重较大的运动员，我一般使用非快速伸缩性爆发力训练来提升爆发力。

爆发力阶段训练方案

爆发力阶段是最令人兴奋的训练阶段。因为此阶段运动爆发力会显著增长。此阶段运动员会看到跑步速度、挥拍和挥杆速度、打球速度、跳高等方面的快速提高。这就是许多运动员在没有基础的情况下开始爆发力训练的原因。但是与盖房子却没有打地基一样，在没有基础的情况下开始爆发力训练，将导致不理想的结果并可能受伤。

与力量阶段类似，爆发力阶段的总训练量低。训练速度在此阶段达到最高。与力量训练类似，爆发力训练取决于神经系统，要求完全恢复，练习着重于高质量运动和全力付出。与增肌和力量训练不同，爆发力训练收缩的持续时间短，这意味着训练时不会压榨肌肉纤维或代谢系统。但是，爆发力训练时收缩速度快，对神经中枢系统的要求非常高。运动员在爆发力训练后感到放松，而不是疲惫。这种放松的感觉是由于中枢神经系统的疲劳机制在起作用。

正如前面提到的，爆发力阶段训练量与力量阶段的运动量差不多。每周8～12组、每组重复5次的传统练习，每个身体部位（如腿部、胸部、背部）外加5次爆发式运动，这就是一个有效的范围区间。与其他阶段一样，运动量可以分布在一周的各个时间，或在一天内进行某个身体部位的所有爆发力训练。这看起来不是很多，但是当我们尽最大努力完成每项训练时，40次就好像没有尽头一样，让你累得想去睡个午觉。通常，强烈建议在两个特定身体部位训练周期之间要有一个休息日。

在爆发力阶段，有许多方法可用于训练方案。我们可以在力量训练初期执行爆发力练习，有一个指定的爆发力训练日，这一天的全部训练均由爆发力练习组成，或将力量训练和爆发力训练结合起来，形成复合爆发力练习。所有三种方法都将在后面讨论。

在第一个场景中，我们可以在胸部力量训练前增加药球投掷和扑跳俯卧撑练习组合。训练可以每周执行两次，如下所示。

星期一和星期三

初级者从3组开始，慢慢进阶到4或5组。

　　MB交错站立CLA胸前直线投掷4或5组×5次

　　扑跳俯卧撑4或5组×5次

　　任何胸部力量练习4~6组×4~6次

　　第二个爆发力训练方案选项，专门的爆发力训练日可以覆盖全身或特定身体部位。一项全身训练可以包含4或5组下半身练习，一组推力练习，一组拉力练习，一组旋转练习，这些练习可以每周训练两天。以下是训练方案说明。

星期一和星期三

初级者从3组开始，慢慢进阶到4或5组。

　　纵跳4或5组×5次

　　MB交替扶球俯卧撑4或5组×5次

　　MB过头摔砸4或5组×5次

　　MB旋转投掷：4或5组×5次

　　第三个爆发力训练方案选项是使用我们讲过的最令人兴奋的方法：复合式训练方法。唐纳德•朱（Donald　Chu）博士将此方法带至力量和体能训练的主流中，他于1996年发表了《爆发力和力量》。在这本书中，朱博士广泛地介绍了此方法的历史起源和理论，并介绍了力量训练和爆发力训练相结合的练习。我将此方法简化成复合式训练，任何人可使用一部分简单器材即可在任何地方进行练习。

　　以下是前提：

•重复5次高强度的力量练习。

•休息1分钟。

•重复5次爆发式练习，在生物力学上与力量练习相似（如使用相同的肌肉系统和动作）。

　　这里的理念是使肌肉得到足够的负荷，以便刺激到神经单元，但并不是通过代谢的方法使其疲劳。然后短暂休息，让肌肉得以恢复并利用中枢神经系统的刺激。最后，完成爆发式练习。之前的力量练习引发的神经刺激，可以导致爆发式练习中更多的爆发力表现。要使用常见的力量训练方法进行复合式训练，可以按照下面的方法进行：

•重复5次卧推。

•休息1分钟。

•重复5次扑跳俯卧撑。

使用纯功能性训练方法的爆发力复合训练可以按照下面的方法进行：

•重复5次右手BP交错站立CLA前推。

•休息1分钟。

•重复5次右手MB交错站立CLA直线胸前投掷。

爆发力开发的复合式训练法另一个好处是，执行负重力量练习的同时训练了爆发力。这样不仅在爆发力阶段保持了力量水平，并且如果时间仓促，这样做可以同时考虑到减少力量阶段。在此情况下，如果运动员有很好的训练基础，力量阶段甚至可以略过，运动员可以直接进行爆发力阶段，因为力量训练已经包含在复合方法中。

表6.4和表6.5说明了一周爆发力复合式训练的例子。

爆发力耐力阶段

训练的爆发力耐力阶段帮助运动员产生持久的爆发力，这对于比赛胜出非常重要。挑战代谢循环和预疲劳阶段能让运动员的神经和代谢系统一直保持高水平。尽管这是能量密集型阶段，但合理的训练周期可以帮助运动员提前做好准备。

表6.4 每周爆发力复合式训练：传统和功能性训练相结合

全身（星期一和星期三）

练习	组数和重复次数
杠铃下蹲和纵跳	3×5+5
杠铃健身椅仰卧推举和扑跳俯卧撑	3×5+5
坐姿缆绳划船和MB过头摔砸	3×5+5

分离混合（星期一、星期三和星期五）

练习	组数和重复次数	练习	组数和重复次数	练习	组数和重复次数
杠铃下蹲纵跳	3×5+5	杠铃健身椅仰卧推举扑跳俯卧撑	3×5+5	坐姿缆绳划船MB过头左右投掷	3×5+5
负重侧弓步（DB）交替分脚跳	3×5+5	杠铃健身椅上斜推举MB交错站立CLA下斜胸前投掷	3×5+5	下拉MB过头摔砸	3×5+5
杠铃硬拉波比操（立卧撑）	3×5+5	负重引体向上MB交错站立CLA下斜胸前投掷	3×5+5	杠铃直立划船MB反身投掷	3×5+5

5+5表示第一次练习重复5次，休息60秒，第二次练习重复5次。

表6.5　每周爆发力复合训练：仅功能性训练

全身（星期一和星期三）

练习	组数和重复次数
单腿蹲 单腿俯卧撑	3×5+5
MB单臂俯卧撑 MB交错站立CLA胸前直线投掷	3×5+5
上斜拉 MB过头摔砸	3×5+5

分离混合（星期一、星期三和星期五）

练习	组数和重复次数	练习	组数和重复次数	练习	组数和重复次数
单腿下蹲 单腿俯卧撑	3×5+5	BP交错站立CLA胸前上斜推举 MB交错站立CLA胸前上斜投掷	3×5+5	上斜拉 MB过头摔砸	3×5+5
交替分脚跳（DB） 交替分脚跳（徒手）	3×5+5	MB单臂俯卧撑 MB交错站立CLA胸前直线投掷	3×5+5	BP交错站立CLA划船 MB过头摔砸（一侧到另一侧）	3×5+5
BP硬拉 纵跳	3×5+5	BP交错站立CLA胸部下斜推举 MB交错站立CLA胸前下斜投掷	3×5+5	BP交错站立CLA低至高划船 MB反身投掷	3×5+5

5+5表示第一次练习重复5次，休息60秒，第二次练习重复5次。

爆发力耐力训练可以通过很多方法制定训练方案，但我发现两种策略是最有效的。一种策略是包含复合式训练，与爆发力阶段的策略类似。另一种策略是使用代谢循环。我甚至开发了将两种策略用最有效和最有趣的方式结合在一起的训练方案。下面让我们看看如果使用每种策略来开发爆发力耐力训练方案。

第一种制定爆发力耐力训练方案的策略类似于在爆发力训练小节中讨论的复合式训练方案。但是，为了训练耐力，我在力量练习和随后的爆发力练习之间取消了1分钟的休息。此爆发力训练附带不完全恢复，使力量练习不仅令人兴奋和激发神经，而且起到预疲劳功用。后续的爆发力练习提供爆发力耐力训练，就像此训练阶段的名称所暗示的一样。爆发力训练采用之前的复合式训练法，爆发力耐力复合式训练可以简化成以下方案。

使用传统的力量和爆发力训练

- 重复5次力量练习，例如杠铃下蹲。
- 跳过休息阶段。
- 重复5~10次爆发式力量练习，例如纵跳。

仅使用功能性训练

- 重复5次功能性力量练习，例如MB单臂俯卧撑。
- 跳过休息阶段。
- 重复5~10次爆发等值功能性力量练习，例如MB交错站立CLA胸前直线投掷。

在爆发力耐力训练阶段制定爆发力复合式训练方案时，使用与爆发力阶段相同的运动量。每个身体部位（如腿部、胸部、背部）每周8~12组，每组重复5+5次。可以尽量增加爆发式练习的重复次数，这取决于我们准备参与的运动专项。针对耐力性运动，如越野跑，可以最多重复10次爆发式练习。训练量可以分配至一周当中，或将所有针对某个身体部位的爆发力训练放在某一天中。强烈建议特定身体部位的训练周期之间安排一个休息日。

下一项锻炼爆发力耐力的策略是代谢循环（第7章）。此类循环包含3~8组练习，每组练习执行10~30次，或固定时长（如15~60秒）。一个代谢循环可以专注某个身体部位（如JC蜷腿）或可以模拟特定运动场景（如5分钟综合格斗循环）。

JC曲腿

自重双腿蹲×24次

自重交替弓步×24次（12次/每侧腿）

交替分脚×24次（12次/每侧腿）

纵跳×12次

总循环时间：1分20秒~1分30秒

综合格斗循环

垫上反摔×20次

缆绳悬吊30秒

DB重拳×30次

悬挂屈臂×30次

MB V型交替举腿×20次

X型举腿×10次

短绳双手拉×30次

下段踢击×每侧腿10次

下段击拳×30次

总循环时间：5~6分钟

这些代谢能提供不可思议的爆发力耐力训练，并且可以用在多种方法上。我们还可以将代谢方案用作健身或力量训练结束时的放松训练组合，为训练部位提供额外的血液或者开发基础级别的爆发力耐力，为爆发力耐力阶段做准备。例如，我们可以在腿部训练结束时，执行1~3组的JC蜷腿；在胸部训练结束时，执行1或2组的JCMeta胸部练习；在全身训练结束时，执行1或2组的JCMeta背部练习（第7章）。

另一种实施代谢方案的策略是，将其用作某些专项运动训练的预疲劳方法。例如，1~4组的JC曲腿可以在跑5~10英里（8~16千米）前预疲劳马拉松选手。这让马拉松选手感觉像跑了很远的距离，但实际上并没有。另外，代谢方案可以提供运动迫切需要的力量，这些运动在传统上并不使用力量训练方案，也不会在健身房里进行。这种预疲劳方法为持久运动增加了力量训练，减少了训练量，也减少了过度训练的伤害。

最后是模仿运动代谢的代谢方案，例如格斗循环，可以提供比实际运动更好的体能，没有密集练习和过度消耗的受伤风险。此方案对高受伤率的运动尤其有效，如使用球拍类运动。另外，格斗循环（如综合格斗循环）可以代替现场的拳击运动作为体能策略，或至少起到几轮的预疲劳作用，这样运动员可以减少拳击轮次。

使用代谢方案来提供爆发力耐力训练、预疲劳训练或替代性训练，可以减少50%左右的传统训练量，还可以减少过度训练损伤，同时创造运动员的个人最好成绩。

整体合并

每个训练周期阶段的理想时长历来备受争论。一些图书提供的范围是从3~8周。我建议每个阶段保持大约4周。本书提供的训练模块涵盖了所有4个阶段，用16周的时间将运动员带至一个高峰。一年52周中，运动员可以达到3次高峰，在每个高峰之间有一段休息期。

有时竞赛时间表不能将所有的训练压缩在16周时间里。在这种情况下，可以依据3项主要策略操作训练周期时间轴。第一项策略是不训练不必要的部分。就是说如果一名运动员的块头已经很大了，就不需要增肌阶段了。同样地，如果运动员进行的是爆发力运动专项，如高尔夫，就不要花时间在爆发力耐力阶段。此策略可以在总训练方案中省掉几周。例如，如果一名棒球手的块头已经足够大且不需要爆发力耐力训练。他的训练方案应该将4周时间花在力量训练阶段，将4周时间花在爆发力训练阶段。假设他已经有了很好的体能基础，此策略可以从标准的16周时间轴里节省8周。

第二项策略是将训练周期压缩至所需的最短时间。按优先顺序区分对待训练，让运动员能将更多时间花在所需的特性上。例如，假设我们要在7周内训练一名角斗士。首先，他不需要更大块的肌肉，爆发力耐力训练则是需要集中关注的素质。比较好的方法可能是花1周时间进行适应性训练，打好基础，花1周时间训练力量，1周时间进行爆发力练习，4周时间进行爆发力耐力练习，以保持角斗士的体形。1周的训练周期可能不够，但是面对困难的环境和很短的周期，我们必须视现有的条件进行训练，尽管训练条件可能并不完美。

第三项策略是混合或组合各个训练阶段。此方法认为适应阶段和力量阶段在实践中是相同的，仅仅是训练量有所改变（即组数和重复次数）。同样地，在爆发力阶段和爆发力耐力阶段使用的复合训练仅仅是在每个复合训练的力量和爆发力练习之间的休息周期不同而已（参见表6.6）。

使用7周角斗士训练方案作为例子，我们可以将适应和力量阶段结合在2周中，将爆发力和爆发力耐力阶段结合在5周中。

表6.6 阶段合并

阶段	体能和力量阶段		能力和能力持久阶段				
周数	1	2	3	4	5	6	7
力量和爆发力训练练习重复次数	8	6	5+5	5+5	5+5	5+5	5+5
复合训练中力量训练和爆发力练习之间的休息时间	不适用	不适用	60秒	30秒	15秒	0秒	0秒

5+5表示第一次练习重复5次，休息60秒，第二次练习重复5次。

小结

我们介绍了一些划分训练周期和设计有效训练方案的策略。过去有一种说法"训练方案设计既是一门艺术也是一门科学"，这句话非常正确。不要害怕尝试多种方案和策略。但是，对于新方法要持保守慎重的态度。还有，考虑咨询通过美国体能协会（NSCA CSCS）认证的体能训练专家，或通过IHP学院（IHPU）认证的训练师和专业教练，以便能够正确实施运动和良好的训练方案。在为专项运动功能设计训练方案时，安全性和有效性应是首要的考虑因素。

第 7 章

纯粹功能性训练

本章介绍了运动员进行任何专项运动训练时所需的一切。在此给出的训练方案可以用于多种目的：可以作为谨慎的基础训练、训练特定的运动素质，也可用于补充其他训练方案。这些训练方案也可以在训练时间不够的情况下使用（如赛季、旅途）。无论你如何使用这些训练方案，其关键特点就是简单、易于使用和有效。即使是每周训练几次、每次几分钟的快速训练方案也会带来巨大的益处。

本章和第9章的训练方案展示了功能性训练的一般和特定手段。一般的体能及最流行的运动技能和运动类别都涵盖了最广泛的应用。由于每类运动可能有多种多样的动作姿态，并要求完全不同的身体素质，因此有些快速方案可以处理特定的运动素质。例如，我们可以在任何运动训练方案上增加极速训练方案，以提高跑步速度。本书给出了许多已经非常成型的训练方案选项，而这些快速训练方案在此基础上提供更多的特定性和多样性。

在本章以下的训练方案中的功能性力量练习，在一般运动模式下可以开发与多种运动训练相关的力量。这些练习带来的训练强度能够改善运动员的专项运动训练表现，例如，使用绳梯的练习、绕标志盘练习、对抗运动技能，以及其他专项运动动作。将功能性训练与专项运动方案相结合，最终可以将练习转化成运动技能。

将功能性训练整合到训练计划之中

第9章的每个专项运动训练方案都包括了3种锻炼：适应训练日、力量训练日，以及爆发力或者爆发力耐力训练日。一名初级运动员每周应该有2或3次适应训练日，共执行2~4周，然后转向力量训练方案。一名运动员进行至少一个月的基础训练后，才能开始力量训练。每周进行2或3次，一共进行2~4周，之后才能启动爆发力训练方案。一名有经验、有体能、有力量的运动员，如果想要发展爆发力，可以开始每周2

或3次的爆发力训练，一共进行2~4周，然后根据需要开始爆发力耐力训练方案。一名有经验、有体能的运动员，如果想要寻求爆发力耐力性，可以每周完成2或3次的爆发力耐力训练，一共进行2~4周。此外，一些高级运动员更喜欢采用波浪式训练方法，即第一个训练日是适应日，第二个训练日是力量日，第三个训练日是爆发力或爆发力耐力日。这种波浪模式可以在较长的周期内实施（2~3个月），并且此训练方案的精简版可以用于赛季训练。

为了制定以下训练方案中练习的强度，可以使用本书前面部分讨论的细微调整方法。这意味着需要调整动作幅度、力臂、速度、支撑点和外载负重，使指定的重复次数和组数具有挑战性。例如，如果我们在力量阶段做哑铃交替侧弓步，重复4~6次，可以使用足够的负重并重复4~6次，使之更具挑战性。同样地，如果在力量阶段要做重复4~6次的俯卧撑，可以减慢运动速度并重复4~6次，使之更具挑战性。

我们也可以使用多样化的负重和器材。这意味着如果一个自重弓步非常容易，我们可以使用哑铃、壶铃、药球或任何其他外部重量来负重。同样地，如果我们指定做哑铃交替侧弓步的，也可以使用药球来代替哑铃负重。负重就是增加重量，人体并不知道我们手里拿着什么，运动强度才是最重要的。要确保该强度可以让我们能够完成指定的训练方案。

训练周期之间的休息日十分必要。不过，如果我们偶尔不得不连续训练两天，也不必担心。只要不将这变成习惯，我们的身体在接下来几周的训练当中，会逐渐恢复过来。这是功能性训练的又一个伟大之处：将训练分摊至多个肌肉系统，所以并不像健美练习一样损害某块目标肌肉。这正是棒球运动员、体操运动员、摔跤运动员和许多其他项目运动员每天可以做同样的训练、没有一天休息的原因。现在，让我们开始学习将永远改变我们训练方式的功能性训练方案。

随取即用方案

随取即用方案是一种预先计划好的方案，可以用作基本的训练，让初学者能够开始基础训练（如JV训练方案），也可用于中级、甚至高级训练方案（即多样化训练方案）中的适应性阶段。无论选择哪种随取即用训练方案，这都会帮助我们理解如何开始有计划的功能性训练。使用在这些简单训练方案中给出的模板，可以随意体验本书中任何练习的组合。

一般适应性训练方案（参见表7.1）包括8项自重进阶练习，特别适合于初次开始进行训练方案的新手运动员。它也适用于从未训练过但又想尝试通过力量和体能训练改善运动能力的青年运动员（8~13岁）。

练习

单腿CLA
手臂前伸

单腿下蹲

自重双腿下蹲

自重交替弓步

自重俯卧撑

斜拉（划船式）

绕轴旋转

无轴旋转

训练方案

表7.1　JV训练方案

每周完成本自重训练方案2或3次。

练习	第1周	第2周	第3周	第4周	页
单腿CLA手臂前伸	2×5每侧	2×10每侧	3×15每侧	4×20每侧	39
单腿下蹲	2×5每侧	2×7每侧	3×10每侧	4×10每侧	40
自重双腿下蹲	2×10每侧	2×15每侧	3×15每侧	4×15每侧	42
自重交替弓步	2×5每侧	2×10每侧	3×10每侧	4×10每侧	43
自重俯卧撑	2×5	2×10	3×10	4×10	44
斜拉（划船式）	2×5	2×10	3×10	4×10	46
绕轴旋转	2×10每侧	2×15每侧	3×15每侧	4×20每侧	47
无轴旋转	2×10每侧	2×15每侧	3×15每侧	4×20每侧	48

多样化训练方案使用多样性器材来创建一个中级体能训练方案（参见表7.2），与JV训练方案相比，增加了更多复杂的练习。如果运动员正从伤病中恢复，或处于非赛季期间打算塑造体形以准备赛前训练（即适应性阶段），对于此类有经验的运动员，多样化训练方案非常有用。一名参加运动比赛的强壮运动员，如果从未进行过正规力量训练，也会发现此训练方案非常有用。我们甚至可以更激进地使用此训练方案，针对在初级或中级运动员在力量阶段，通过使用较大负重令重复次数降低（比如重复4~6次），从而强调更多的力量因素。

练习

KB单臂摆动

DB或KB侧弓步

MB交叉俯卧撑

BP交错站立CLA划船式

BP短距离抡动
（10点钟至2
点钟方向）

BP高至低砍削动作

BP低至高砍削动作

训练方案

表7.2　多样化训练方案

练习	第1周	第2周	第3周	第4周	页
KB单臂摆动	2×5每侧	2×10每侧	3×10每侧	4×10每侧	91
DB或KB侧弓步	2×5每侧	2×7每侧	3×10每侧	4×10每侧	95
MB交叉俯卧撑	2×5每侧	2×7每侧	3×10每侧	4×10每侧	115
BP交错站立CLA划船式	2×10每侧	2×15每侧	3×15每侧	4×15每侧	81
BP短距离轮动（10点钟至2点钟方向）	2×10每侧	2×10每侧	3×10每侧	4×10每侧	87
BP高至低砍削动作	2×10每侧	2×10每侧	3×10每侧	4×10每侧	85
BP低至高砍削动作	2×10每侧	2×10每侧	3×10每侧	4×10每侧	86

快速方案

以下方案使用特定的训练来提高特定运动专项成绩或改善某一身体部位。对于在较短假期内保持体型的运动员或者无法进行全职训练的运动员，可以使用快速方案，或者将快速方案加入专项训练计划之中。我们可以循环完成这些练习，也可以在进行下一项练习之前，完成每个练习的指定组数。每周执行2或3次训练方案，可以在短短两周之内看到明显的效果！

此训练方案（参见表7.3）与本章稍后的一般钢铁核心训练方案类似，但是有所改动，这是为了改进高尔夫随球跟进和碰撞区的后摆动作。将此训练方案与钢铁核心方案结合起来，是提升高尔夫球运动表现的最佳途径。

练习

SB滚木　　　　BP震动后摆　　　　BP短距离抢动
（10点钟至2点钟方向）

训练方案

表7.3　高尔夫爆发力驱动方案

练习	组数和重复次数	页
SB滚木	3×10~15每侧	131
BP律动性后摆	3×10~15每侧	88
BP短距离抢动（10点钟至2点钟方向）	3×10~15每侧	87

此训练方案（参见表7.4）可以提升训练者速度而无须跑步。我们可以在看电视剧的广告间隙，完成这一3项练习组合。这就是为什么我们通常也称之为TV速度训练方案。

练习

45度小腿蹬伸　　单腿CLA手臂前伸　　　SB提髋（单腿）　　　单腿下蹲

训练方案

表7.4　跑步提速方案

练习	组数和重复次数	页
45度小腿蹬伸（从双腿进阶至单腿）	30~60秒 （单腿时每侧腿都要做）	63
单腿CLA手臂前伸	3×10~15每侧	39
SB提髋（单腿）	3×10~15每侧	128
单腿下蹲 （四分之一动作范围）	3×10~15每侧	40

此训练方案（参见表7.5）可以提高我们的拳击爆发力。此训练方案涉及拳击进攻中出现的单侧前推、伸直手臂动作，以及其他与推相关的运动技能。不仅强调"推"这个动作本身，还锻炼了这些技能产生最大爆发力所需的旋转刚度。

练习

MB单臂俯卧撑　　　　　BP交错站立CLA前推　　　　MB交错站立CLA胸前直线投掷

训练方案

表7.5　KO方案

练习	组数和重复次数	页
MB单臂俯卧撑	3×10每侧	114
BP交错站立CLA前推	3×10~15每侧	72
MB交错站立CLA胸前直线投掷	3×5~10每侧	118

此训练方案（参见表7.6）可以提高在狭小空间切步变向的能力，对滑冰项目很有用。针对的是外旋时臀大肌的发动能力。这是一个可以在家完成的优秀方案，可以用作练习的热身或整理运动，或者添加至我们当前的体能训练方案中。

练习

DB或KB侧弓步　　SB单腿靠墙侧步　　　　　　　侧滑　　　　　　　滑冰者

训练方案

表7.6　切步方案

练习	组数和重复次数	页
DB或KB侧弓步	2或3×10~15每侧	95
SB单腿靠墙侧步	2或3×10~15每侧	124
侧滑	2或3×5~10每侧	140
滑冰者	2或3×5~10每侧	67

此训练方案（参见表7.7）可以改善过顶动作运动能力，比如投球或在网球中的过头发球。我们可以在任何地方完成此训练方案，只要这个地方有可以砸抛药球的空间。我们也可以将其用作某项训练的热身或整理运动，或者将其添加至我们当前的体能训练方案中。

练习

SB外滚　　　　MB过头摔砸　　　　振动杆投掷

单腿CLA　　　甩绳画圈（顺时针和
手臂前伸　　　　逆时针方向）

训练方案

表7.7　喷火器方案

练习	组数和重复次数	页
SB外滚	2×10~15	127
MB过头摔砸	2×5~10	120
振动杆投掷	2×10~15秒，每侧	133
单腿CLA手臂前伸	2×10~15每侧	39
甩绳画圈（顺时针和逆时针方向）	2×10~15秒，每个方向	139

此训练方案（参见表7.8）可以提高击球力量，这是提高我们击球成功率的保障。我们可以在任何地方完成此训练方案，只要这个地方有足够的空间进行砸抛药球练习。我们也可以将其用作某个训练的热身或整理运动，或者将其添加至我们当前的体能训练方案中。

练习

振动杆12点钟方 向振动　　BP低至高砍削动作　　BP高至低砍削动作

BP短距离抡动　　　MB旋转投掷：垂直位
（10点钟至2点钟方向）

训练方案

表7.8　室内跑步方案

练习	组数和重复次数	页
振动杆12点钟方向振动	2×10~15秒	134
BP低至高砍削动作	3×10~15每侧	86
BP高至低砍削动作	3×10~15每侧	85
BP短距离抡动（10点钟至2点钟方向）	3×10~15每侧	87
MB旋转投掷：垂直位	3×5~10每侧	121

一般健身方案

我们可以使用这些短期训练方案来加强身体的一个整体区域，或者来提升一般性整体体能，我们也可以将其用作某个训练的热身或整理运动。例如，"核心激发器"（另一个名字是短线砍削）已经变成一个标准的核心热身运动，"三重威胁"已成为一个众所周知的"钢铁"腘绳肌训练方案，因为该方案几乎消除了所有的腘绳肌问题。

砍削训练方案（参见表7.9）是IHP中最流行、最多样化的方案。此训练方案集中体现了从指甲到趾甲的全方位训练，也是我的运动员最常使用的热身方案。当使用[25~45磅（11~20千克）]的药球或者杠铃片时，此训练方案就变成了一个力量和体能方案。尽管药球版本在此处仅仅是简单介绍，我们可以用任何其他重量器材替代品完成此方案，如使用杠铃片、沙袋和包，或者单个的哑铃或壶铃。要完成一次很好的热身，可使用3~6磅（1~3千克）的重量。大块头运动员可以使用25~45磅（11~20千克）以训练整个身体力量。我们可以单独执行此方案来进行热身和体能训练。对于力量训练，需按照指定的组数完成每个练习，在每组练习之间充分休息。

練習

MB砍削　　　　　　MB对角线砍削　　　　　MB绕轴旋转

训练方案

表7.9　砍削

练习	组数和重复次数	页
MB砍削	3×10	110
MB对角线砍削	3×10每侧	111
MB绕轴旋转	3×10每侧	116

　　此训练方案（参见表7.10）是砍削的变化版本，减少了下肢和髋部的大范围动作。核心催化可以提高核心刚度，同时并不弯曲下肢。当下肢受伤、不能做任何下蹲动作或弓步时，这是一个增强核心力量的完美方式。如果我们仅仅是想休息下肢，也可采用此方案。针对有后部受伤或者术后康复的人员，我会采用很轻的负重来进行此方案；此方案也可用来做脊柱的预恢复或康复方案。我们可以使用此方案进行下肢力量训练的热身或作为初级体能方案。

练习

MB短线砍削　　　　MB短对角线砍削　　　　MB无轴旋转

训练方案

表7.10　核心催化剂

练习	组数和重复次数	页
MB短线砍削	3×10每侧	110
MB短对角线砍削	3×10每侧	112
MB无轴旋转	3×10每侧	48

此训练方案（参见表7.11）是砍削训练方案的又一版本，通过使用弹力带和拉力器，拥有更直接和更重的负重。此训练方案通过站立位置，创造核心刚度，同时驱动高强度的负重至核心的对角线和横向肌肉。对于持杆（棍）类运动员只需使用一个手柄，并将弹力带或缆绳安装到手柄上，就可以执行此方案。此方案也可以用来做热身或者作为搏击、球类、球拍类运动员的补充练习。针对力量训练，可以考虑使用较重的负重。使用足够的重量直至外侧的脚几乎被拉至离开地面。

练习

BP低至高砍削动作　　　　BP短距离抢动　　　　BP高至低砍削动作
　　　　　　　　　　（10点钟至2点钟方向）

训练方案

表7.11　钢铁核心

练习	组数和重复次数	页
BP低至高砍削动作	3×10每侧	86
BP短距离抢动（10点钟至2点钟方向）	3×10每侧	87
BP高至低砍削动作	3×10每侧	85

183

此训练方案（参见表7.12）能够很好地提高整个身体的稳定性和力量。同时在大强度的增肌和力量训练阶段中，这也是非常出色的热身、整理、恢复和功能性训练维持方案。按顺序进行5项练习，循序渐进，完美进行持续循环。对于打算在几周内进行增肌的大块头运动员，我强烈推荐使用此方案来作为整理性练习；在训练结束时做3或4组，保持全身心投入。

练习

SB双手扶球俯卧撑　　　　SB腹背运动　　　　SB反向腹背运动

SB屈膝（双腿到单腿）　　　　SB滑雪

训练方案

表7.12　奇趣五项

按顺序完成练习。

练习	组数和重复次数	页
SB双手扶球俯卧撑	3×10	125
SB腹背运动	3×10	130
SB反向腹背运动	3×10	131
SB屈膝（双腿到单腿）	3×10（单腿时每侧腿）	126
SB滑雪	3×10每侧	132

尽管此训练方案（参见表7.13）不是站着完成的，但是能提高腘绳肌的力量和功能。"三重威胁"是非常有效的、恢复腘绳肌的高性能训练方案，我称之为钢铁腘绳肌训练方案。此方案被许多遭受慢性腘绳肌损伤的运动员采用。任何训练之后，我们可以在休息日使用此方案，或作为整理性方案。

在第1至10周，每个练习先做双腿版本。在第11至20周，切换至单腿版本。按顺序执行方案，可以休息，但不要把髋部放在地上。按照要求的次数完成臀桥动作，保持髋部抬起，按照要求的次数完成屈腿动作，最终保持髋部抬起，按照要求的次数完成提臀。

执行每个练习的单腿版本时，使用任意一条腿，转换到下一个位置时，不要把髋部放在地板上。

练习

| SB臀桥 | SB屈腿 | SB提髋 |

训练方案

双腿版：在第1周，每个练习重复完成5次，中间不休息，也不要或者把髋部放在地板上。接下来的10周，每个练习增加一次。到了第10周，每个练习应该能完成15次（共计45次），中间不休息。

单腿版：在第1周，每侧腿每个练习重复完成5次，中间不休息，也不要或者把髋部放在地板上。接下来的10周，每个练习增加一次。到了第20周，每个练习应该能完成15次（共计45次），中间不休息。

表7.13　"三重威胁"

练习	第1~10周（双腿版）	第11~20周（单腿版）	页
SB臀桥 （双腿到单腿）	重复5次，每周增加一次，增至15次	每侧腿重复5次，每周增加一次，增至15次	128
SB屈腿 （双腿到单腿）	重复5次，每周增加一次，增至15次	每侧腿重复5次，每周增加一次，增至15次	129
SB提髋 （双腿到单腿）	重复5次，每周增加一次，增至15次	每侧腿重复5次，每周增加一次，增至15次	128

新陈代谢方案

这些称为新陈代谢方案的高级方案，是超级型组合训练组，可以针对某个身体部位提供出色的适应、力量、爆发力和爆发力耐力训练。对于寻求在当前训练方案中增加高水平训练的高级运动员，这些方案尤其适用。我们也可以将其作为旅途中或时间紧张时的短期训练。新陈代谢方案是结束身体增肌或力量训练的完美方式，可以增加训练的身体部位的血液循环。这类促使血液循环组合练习也一度是健美人群结束训练的流行方案。

新陈代谢方案也是IHP体系在提升耐力训练所进行的预疲劳练习方案，允许耐力运动员降低他们的训练量。例如，在跑步前立即做1至5组的JC屈腿，可以预疲劳腿部，将一个短跑训练创造得如同长跑训练一样。此方法还为耐力类和使用球拍类运动员带来很多难以置信的效果，在增加训练强度时，减少耐力训练的重复性磨损和撕裂。

开始新陈代谢方案之前，我们必须打好基础。一般规则是每个练习完成3组作为一次训练，第二天不会觉得酸痛。跟着这个训练进阶可以帮助我们享受每个训练阶段，并避免不当训练造成的迟发性肌肉酸痛或关节紧张，而使我们无法进行后续的高级训练。

此训练方案（参见表7.14和表7.15）的灵感来自于行业先驱沃恩·甘贝塔先生（Vern Gambetta），为体能基础较好的中级运动员提供了超级腿部训练。这个方案受到所有需要强壮、持久腿部力量的运动员的欢迎，可以在腿部训练日之后作为腿部供血训练，或作为赛季间的快速训练，或作为严格的赛季前训练的准备练习。

练习

自重双腿下蹲　　　自重交替弓步　　　交替分腿跳　　　蹲跳

训练方案

表7.14　JC屈腿训练

练习	组数和重复次数	页
自重双腿下蹲	24	42
自重交替弓步	12每侧腿	43
交替分腿跳	12每侧腿	66
蹲跳	12	66

循环进程：在第1周和第2周，每周完成两次训练方案（星期一和星期五）。在第3周和第6周，每周完成一次训练方案。表7.15列出了组合进度和每周的恢复时间。

表7.15　每周JC屈腿训练方案

周	组	练习之间的恢复时间	每组之间的恢复时间
1	2	45秒	2分钟
2	3	30秒	90分钟
3	4	15秒	60秒
4	5	15秒	30秒
5	5	无须恢复	无须恢复
6	6	无须恢复	无须恢复

此训练方案（参见表7.16）为体能基础好的中级运动员提供出色的背部训练。受到所有游泳和投掷类运动员的欢迎，也可以在背部训练日之后作为腿部供血训练，或作为赛季间的快速训练，或作为严格的赛季前训练的准备练习。

练习

| BP划船式 | BP交错站立俯身交替划船式 | BP游泳式 | MB过头摔砸 |

训练方案

表7.16　JC Meta背部训练

按顺序完成练习，作为一个超级型组合训练，练习之间不休息。此超级型组合训练最多可以做3次，每次可以休息1~3分钟。我们每周可以完成JC 背部训练1或2次，每两个背部训练日之间至少间隔2天。

练习	组数和重复次数	页
BP划船式	20	77
BP交错站立俯身交替划船式	每侧腿和手臂10下（共计20下）	79
BP游泳式	20	84
MB过头摔砸	10	120

JC Meta胸部训练有两个版本。1.0是原始版本，使用弹力带或徒手练习。2.0版本在《男士健康》杂志中出现，能够快速锻炼快速爆发式推和击打爆发力，以及提高卧推的能力。这两个方案（参见表7.17和表7.18）都很受体能好、需要提高推和击打爆发力的运动员的欢迎。可以在胸部训练日之后，使用这两个方案使胸部供血，或作为赛季间的快速训练，以及严格的赛季前训练的准备练习。

按顺序完成练习，作为一个超级型组合训练，练习之间不休息。此超级型组合训练最多可以做3次，每次间可以休息1~3分钟。一些精英运动员甚至可以紧接着完成2个JC Meta胸部训练，中间不休息。我们每周可以完成几组JC Meta胸部训练，也可以每周完成1或2次，每两个胸部训练日之间至少间隔2天。

练习

| 自重俯卧撑 | BP交错站立交替
前推 | BP交错站立飞鸟 |

| 扑跳俯卧撑 | MB单臂俯卧撑 | MB交叉俯卧撑 |

训练方案

表7.17　JC Meta胸部训练1.0

练习	组数和重复次数	页
自重俯卧撑	20	44
BP交错站立交替前推	每侧腿20次（共计40次）	75
BP交错站立飞鸟	每侧腿10次（共计20次）	76
扑跳俯卧撑	10	69

表7.18　JC Meta胸部训练2.0

练习	组数和重复次数	页
自重俯卧撑	20	44
MB单臂俯卧撑	每侧5次（共计10次）*	114
MB交叉俯卧撑	每侧5次（共计10次）*	115
扑跳俯卧撑	10	69

*优秀运动员可以尝试完成每侧10次（共计20次）。

加里·格雷哑铃矩阵

此哑铃方案是物理治疗师加里·格雷向我推荐的矩阵训练系统的一部分，他是最顶级的物理治疗专家，也是我很荣幸可以称之为朋友和同事的人。我做了一些更改，但是主体的内部框架还在。需要连续重复72次，涉及四个阶段，在三个动作平面上调用所有四大动作支柱。由一个推序列（3项练习）、一个卷屈序列（3项练习）、一个交替侧弓步序列（3项练习），以及一个交替侧弓步至推序列（3项练习）组成。我们每项练习完成6次（每侧3次），整个循环是72次。目标是在1分45秒至2分钟内完成整个循环（参见表7.19）。

尽管此训练方案在新陈代谢部分中介绍过，我们可以很容易地将其用作一个普通健身方案。如果我们使用更轻的哑铃，也可以将其作为热身方案。尽管如此，使用进阶的负重（即大于体重10%或更重的哑铃），保持在1分45秒内完成方案，可以促进脂肪燃烧。如果做很多组，休息时间很短，心率可以超过每分钟200次（2分钟内）。

按顺序完成练习。我们的目标是持续完成72次。要达到此目标，应遵照以下进度。

1.从单独的练习开始，完成2或3组，每侧8~16次，在每周不同的日子进行。通常每个人在此阶段需要花2或3周，去学习怎样完美地执行这些练习动作。

2.一旦掌握了单独练习，徒手演练整个循环。这是一个超级棒的热身。需要花1分30秒~1分45秒；在每组间休息2或3分钟。每周选3个训练日，在训练前完成3组。在此阶段需要花1~3周。

3.一旦可以很容易地徒手完成几组完整的训练矩阵，可以添加一些轻的哑铃（大约是体重的5%）。训练矩阵之间尽量完全恢复，大约2分钟。每周1~3天，每天完成3组。

4.进阶至使用哑铃，重量大约是体重的7%，训练矩阵之间尽量完全恢复（每组大约3分钟）。每周1~3天，每天完成3组。

5.进阶至使用哑铃，重量大约是体重的10%~12%，矩训练阵之间尽量完全恢复（每组大约4分钟）。每周1~2天，每天完成2~3组。

训练矩阵如果在每周都执行，可以使用较轻的重量（体重的5%）。使用较大负重完成训练矩阵时，可将方案合理进阶分配至训练周期中：例如，4周使用体重5%的重量，4周使用体重7%的重量，4周使用体重10%的重量，4周使用体重12%的重量。

DB或KB过头推举　　DB或KB过头Y型推举　　DB或KB交叉过头
　　　　　　　　　　　　　　　　　　　　　　推举

DB或KB二头　　　DB或KB垂直划船　　DB或KB交叉上勾
肌弯举

DB或KB前弓步摸脚　　DB或KB侧弓步　　DB或KB旋转
　　　　　　　　　　　　　　　　　　侧弓步

加里·格雷哑铃矩阵（续）

训练方案

表7.19 加里·格雷哑铃矩阵

在全部练习中使用哑铃。

推序列

练习	重复次数	页
DB或KB过头推举（交替）	3每侧	98
DB或KB过头Y型推举（交替）	3每侧	99
DB或KB交叉过头推举（交替）	3每侧	100

卷屈序列

练习	重复次数	页
DB或KB二头肌弯举（交替）	3每侧	101
DB或KB垂直划船（交替）	3每侧	103
DB或KB交叉上勾（交替）	3每侧	104

侧弓步序列

练习	重复次数	页
DB或KB前弓步摸脚（交替）	3每侧	94
DB或KB侧弓步（交替）	3每侧	95
DB或KB旋转侧弓步（交替）	3每侧	96

交替侧弓步至推序列

练习	重复次数	页
DB或KB前弓步摸脚（交替）同时DB或KB过头推举	3每侧	94 98
DB或KB侧弓步（交替）同时DB或KB过头推举	3每侧	95 98
DB或KB旋转侧弓步（交替）同时DB或KB过头推举	3每侧	96 98

小结

　　功能性训练不仅是一种康复练习方法，也不仅是因为某些复杂的神经原因而进行的轻型训练。本章介绍的这些训练方案可帮助你规划功能性训练，学会完美的动作模式，锻炼出较高的力量水平，提供不会很快消失的爆发力耐力。另外，这些训练方案向我们展示了在自己熟悉的地方即可轻松完成的功能性训练，如各种场地或宾馆房间，使用的是简易、便宜的器材。这些训练方案只是初步展示了如何运用本书的理念和练习。

　　第8章讲述了如何将功能性训练和传统训练最有力地结合起来，即IHP混合训练系统。此系统无缝整合了传统的力量训练和功能性训练。通过这些方法我们将训练出隐藏在肌肉后面的超级能力。

第 8 章

混合训练方案

所有功能性训练书籍都会将功能性训练和其他流行的、有效的训练理念和体系相结合，进行详细的介绍。健身专家、教练和大众越来越重视将功能性训练的有效性与其他提高人类表现的训练方式相结合。大家的认知和问题都集中于"我们可以将各种训练方式或训练理念相结合，以得到最佳训练方式的最新版本吗？"答案肯定是"可以"！尽管训练方法的理念可能看起来截然不同，正确的方法仍然是结合两种不同的训练方法以创造出无缝对接的混合体系。混合训练的最佳例子就是将健身或传统的力量训练与功能性训练相结合。

谈到混合训练时，另一个需要考虑的因素是时间。运动员通常很难在一周之内完成所需的所有训练。尤其是体能训练部分。运动员所需的技术工作和学术工作一样，体能训练需要的时间经常会因为技术训练而牺牲。在过去20年里，我先是作为运动员，而后作为教练，我不得不开发出某些训练方法，使我能达到力量、增肌和爆发力的要求，每周只需几个小时、每天只需30~60分钟，我就能完成训练和恢复。在此期间，我成功地创造了混合训练方案，将传统力量训练方法和最新的功能性训练相结合。本书接下来将介绍我近20年来的研究和开发项目：IHP混合训练体系。

这套混合体系结合了功能性训练的优点，以及传统的增肌、力量和爆发力训练的优点。每种训练方法都有优点，所有运动员都想利用最佳练习达到最积极的效果。通过观察我的学员们几个月以来的训练图表，我发现和总结了训练实践中的模型和整合体系。我将其命名为三层整合体系（3TIS）。3TIS是IHP混合训练体系的基础，3TIS的开发也是IHP体系成功的主要因素。

三层整合体系（3TIS）

在3TIS中，曾经互相对立的训练模式在一个训练方案中可以和谐共存。3TIS不仅能让运动员训练某一块肌肉，而且能训练运动员的肌肉系统，更重要的是训练肌肉背后的运动能力。

3TIS之所以如此命名，是因为使用整个3种方式来将功能性训练方式（或练习）整合于传统的训练中。

1. 我们可以将此训练方式用于训练的热身或整理部分。
2. 我们可以将此训练方式用于训练身体的特定部位。
3. 我们可以用此训练方式将某身体部位从传统训练中解放出来。

假设我们需要标准的增肌和力量训练，我们仍然可以看到功能性训练的价值。那么我们如何将这些训练方法融合到一次训练中呢？我们可以考虑每一种整合层级的细节而得到答案。

热身和整理练习

本书中的任何功能性训练方式或练习都可以合并到任何训练的热身部分。我们称之为常规热身法。常规热身通常是全身性的日常运动，可以使用自己喜欢的任何训练方式。常规热身的一个常见例子就是第7章中的砍削训练方案。对于仍局限于传统训练模式的人，这是引入功能性训练的最佳方式。

整合的热身方法也可以扩展为专项热身运动，为传统的单独肌群训练做准备。在进行传统训练之前，我们可以功能性地将某一身体部位热身。例如，要想进行传统的弓步和下蹲训练，手臂前伸是最棒的热身。我们还可以在训练结束时用功能性热身为传统练习补充平衡和稳定性，例如腿部伸展练习和蜷腿练习。

弹力带或绳索推拉练习可以作为身体传统推拉练习的准备活动（如卧推、绳索划船）。与基于器械的上半身训练相比，弹力带和拉力器可以让我们使用站姿进行更好的功能性简易训练和核心系统训练。

有选择的热身整合训练方法不会威胁或挑战人们习惯的传统训练；传统的训练构成没有改变。尽管体能训练专业人士认可热身的巨大作用，大部分运动员并没有将热身或整理练习看作训练过程的一部分。因此，他们很容易在这时候尝试新的训练方法。只需10~15分钟的训练，效果却可以与15分钟高强度的康复练习环节的治疗效果相媲美。当然，每周训练3~4次，每次10~15分钟，加起来差不多是45~60分钟。在此期间，可以看到稳定性和爆发力输出的大幅度提高。功能性训练的应用在我的学员身上展现出了显著的效果。

增强整合

一旦完全接受了功能性训练理念，就可以进一步使用训练组合三重集成体系。增强整合训练是一种剧烈的专项热身训练，使用2或3组增加强度的训练，可以帮助运动员为目标训练负重做好准备。许多传统的阻力练习，都可以用更具功能性的体姿和更轻的负重来完成（如采用站姿而不是坐姿）。如果功能性体姿的外部环境不稳定，不能用较好的形态进行练习，那么运动员可以完成一些辅助训练组合来进行力量和增肌练习。整合的方法与20世纪60年代的预极限消耗训练法和70年代的金字塔式负重递增法类似。以下是增强整合的一些例子：

1. 俯身划船，从不稳定到稳定。俯身划船可以从自由站姿开始（即双脚交错和单腿站立），直到重量使髋部和下背部不能以良好形态完成练习。应该是技术上的失败，而不是生理上的失败。达到技术性失败的某个点之后，转而去做有支撑的俯身划船（即双手扶在健身椅上）或绳索划船。

2. 单腿下蹲至单腿推举。每次增加负重（即增加动作范围或通过药球和哑铃增加负重），完成几组单腿下蹲，直到不能以良好形态完成练习。然后转而去做单腿或双腿推举，进行重型稳定性训练。

减负整合

在我的混合训练体系中，减负整合是集成训练方案中最受欢迎的方案。在这一层中，主要针对的是每周进行一天传统素质或力量训练，以及其他时间进行减负功能性训练的运动员。尽管在无负重训练的日子里，这些运动员不进行传统的重型训练，功能性训练对神经系统的高要求仍然使他们维持着高强度和总运动量。以下是减负整合方案的具体示例。

假设，我们在星期一有高负荷腿部和髋部训练计划，星期三是高负荷推举训练计划，星期五是高负荷拉力训练计划。在星期一，我们使用传统训练（如下蹲、弓步、蹲举）训练腿部和髋部；使用功能性训练方式减负训练推和拉相关的肌肉（如稳定球俯卧撑、弹力带牵拉）。在星期三，我们着重于使用传统训练（如健身椅斜推举、健身椅仰卧推举和双臂屈伸）训练与推举相关的肌肉；使用功能性训练方式（如交替侧弓步、斜拉）减负训练腿部和髋部与推举相关的肌肉。星期五，我们使用传统训练（如下拉、绳索划船和垂直划船）训练与拉力相关的肌肉；使用功能性训练方式（如手臂前伸、弹力带上拉）减负训练腿部和髋部与拉力相关的肌肉。每天都进行一点转向训练或其他专项治疗练习。

此级别所使用的训练顺序和计划可以多样化。方法之一是先完成全部的传统练习，再完成功能性练习。表8.1说明了这样的训练应该如何进行。

表8.1 先做传统练习再做减负练习的例子

星期一

练习	组数和重复次数
杠铃下蹲	3×10
DB或KB弓步	3×10
杠铃硬拉	3×10
SB双手扶球俯卧撑	3×10
BP划船	3×10
BP短距离抢动（10点钟到2点钟方向）	3×10

星期三

杠铃健身椅上斜推举	3×10
杠铃健身椅仰卧推举	3×10
双臂屈伸（根据需要负重）	3×10
单腿下蹲	3×10
BP交错站立CLA划船	3×10
SB滑雪	3×10

星期五

下拉	3×10
BP划船	3×10
杠铃垂直划船	3×10
单腿CLA手臂前伸	3×10
BP交错站立CLA前推	3×10
BP高至低砍削	3×10

　　另一个可用于做减负训练的方案是IHP复合式混合训练方案。这一方案使用传统训练和功能性训练的循环模式。一个循环由两个练习组成：传统练习和功能性练习（即二重奏），可以由一个传统练习和两个功能性练习（即三重奏）组成，也可以由一个传统练习和三个功能性练习（即四重奏）组成。表8.2说明了表8.1中的训练是如何使用二重奏将传统力量和增肌训练与功能性训练方式的动作技能相结合的。

复合式混合训练

　　3TIS是我将多种训练体系整合进一个训练单元的第一次尝试。就像前面介绍的，减负整合级别是3TIS最重要的发展阶段，也是3TIS最流行和最有力的方法。这一小节解释了复合式训练的创造方法论，所谓的复合式训练方法，就是使用功能性训练整合一些身体部位并使之减负，同时使用传统力量训练加负来单独训练另一些身体部位。

表8.2　使用混合二重奏减负练习方案的例子

星期一

练习	组数和重复次数
杠铃下蹲	3×10
SB双手扶球俯卧撑	3×10
DB或KB弓步	3×10
BP划船	3×10
杠铃硬拉	3×10
BP短距离抢动（10点钟至2点钟方向）	3×10

星期三

杠铃健身椅上斜推举	3×10
单腿下蹲	3×10
杠铃健身椅仰卧推举	3×10
BP交错站立CLA划船	3×10
双臂曲伸（根据需要负重）	3×10
SB滑雪	3×10

星期五

下拉	3×10
单腿CLA侧弓步	3×10
BP划船	3×10
BP交错站立CLA前推	3×10
杠铃垂直划船	3×10
BP高至低砍削	3×10

　　IHP混合训练体系是一种针对目标锻炼的复合式练习。复合式训练将传统练习（提供力量和增肌训练）与功能性练习（与传统训练相比可通过不同方式刺激身体）相结合。功能性和康复性练习通常处理了传统练习中缺失的部分，例如涉及多样化的动作维度，使用各种平面，通过各种动作移动，使用各种功能的稳定性练习和神经控制练习。复合式混合训练方案可以包含两个（二重奏）、三个（三重奏）或四个（四重奏）练习。

二重奏

　　在二重奏练习中，第一个练习通常是初级练习，着重于感兴趣的主要的生理刺激。例如，如果我们试图增长下肢的瘦体重，我们可以使用腿部增肌的练习，如将下蹲或腿部推举作为第一个练习。接下来的练习通常是核心练习，这是通过身体的另外一个部位来驱动和完成动作（如推或拉），以便该身体部位腿部的减负。一个使用推举动作驱动核心但减去胸部负重的练习例子是SB双手扶球俯卧撑。这个练习没有使胸部再度刺激，让胸部得以从卧推练习中恢复过来，所以称为减负练习。这两个练习就组成了二重奏。

1. 杠铃下蹲或器械腿部推举。

2. SB双手扶球俯卧撑。

如果整个训练方案由二重奏组成，该训练方案应该包括50%的传统增肌训练和50%的功能性训练，其中热身除外。如果运动员着重想增大肌肉，同时期望提高其他运动表现和增强恢复，比如核心稳定性，那么二重奏是非常好的训练方案。以下是一些二重奏训练示例和背后的基本原理。

二重奏1

1. 传统的腿部练习：器械腿部推举。

2. 无负重胸部和核心：BP交错站立CLA前推。

原因：提供腿部和髋部的力量和增肌刺激。通过核心练习给胸部减负，此核心练习可以拉长和加强髋部屈肌。

二重奏2

1. 传统的胸部练习：杠铃健身椅仰卧推举。

2. 无负重腿部和髋部：单腿CLA手臂前伸。

原因：提供胸部力量和增肌刺激。满足下肢在休息阶段的恢复要求（即髋部、膝盖和踝骨稳定性）。

二重奏 3

1. 传统的背部练习：下拉。

2. 转动核心：BP短距离抢动（10点钟至2点钟方向）。

原因：提供背部力量和增肌刺激。满足全身和核心的坚固度、旋转力量及稳定性。

三重奏

为二重奏增加更多的功能性训练，我们可以添加第三个练习。假设我们使用传统方式训练腿部，使用SB扶球俯卧撑为胸部减负进行训练，那么我们可以选择功能性拉力练习，例如BP交错站立CLA划船作为第三个练习。BP交错站立CLA划船训练核心的后部肌肉，提升髋部屈肌的柔韧性。三重奏复合式混合训练应该如下所示。

1. 肩上杠铃下蹲或器械腿部推举。

2. SB双手扶球俯卧撑。

3. BP交错站立CLA划船。

三重奏将训练重点剥离出来支持功能性训练。接近67%的功能性和33%的增肌功能，包括热身和整理活动。对于已经有高强度训练基础、可以完成此循环并且不减少传统举铁运动的运动员，这是我最推荐的方式，以下是一些三重奏实例和背后的基本原理。

三重奏1

1. 传统的腿部练习：肩上杠铃下蹲。
2. 无负重腿部和核心：侧身T型平面支撑。
3. 无负重背部和核心：BP划船。

原因：提供腿部和髋部伸肌的力量和增肌刺激。通过核心练习减去胸部和肩部负重。此核心练习可以增强核心外侧面。通过基础练习卸掉背部负重，此练习可以提升肩部稳定性和良好姿态保持。

三重奏2

1. 传统的胸部练习：杠铃健身椅上斜推举。
2. 无负重腿部、髋部和核心：DB或KB交替侧弓步。
3. 旋转核心：BP高至低砍削。

原因：提供胸部力量和增肌刺激。卸掉腿部和髋部负重，着重于下半身和核心的稳定性，侧重于三面动作范围。训练旋转力量和稳定性。

三重奏3

1. 传统的背部练习：下拉。
2. 无负重胸部和核心：BP交错站立CLA前推。
3. 无负重肩部、髋部和平衡：单腿CLA手臂前伸。

原因：提供背部力量和增肌刺激。卸掉腿部负重和训练整个核心与肩部（肩胛）稳定性。功能性训练卸掉下半身平衡和稳定性的负重。

四重奏

许多耐力运动员不需要提高肌肉量，但是他们确实希望变得更强壮，同时不损失已有的肌肉量。对于这种运动员，我们可以考虑在三重奏上加入第四个练习，变成四重奏练习。第四个练习可以处理任何训练点。例如，假设足球运动员的下腹部是弱点，另外腹股沟疼痛。第四个练习可以侧重解决这个问题。在这个复合式练习中，X型举腿是一个很好的选择。因此，这个四重奏安排如下所示。

1. 肩上杠铃下蹲或器械腿部推举。
2. SB双手扶球俯卧撑。
3. BP交错站立CLA划船。

4. X型举腿。

所有的四重奏复合式练习，都提供了功能性训练的最大量：75%的功能性训练和25%的传统训练，不包括热身和整理活动。对于分阶段训练的爆发力耐力阶段的运动员，以及不要求极度增肌的耐力性运动员来说，这是一个好选择。以下是一些四重奏实例和背后的原理解释。

四重奏1

1. 传统的腿部练习：肩上杠铃下蹲。

2. 无负重胸部和核心：SB双手扶球俯卧撑。

3. 无负重背部和核心：上斜拉（划船式）。

4. 核心旋转：SB滑雪。

原因：提供腿部与髋部力量和增肌刺激。卸掉胸部负重进行核心练习，此核心练习增长和增强了髋部屈肌。卸掉背部负重，同时训练髋部与背部伸肌力量和拉长核心前部。训练旋转力量和动作幅度。

四重奏2

1. 传统的肩部练习：杠铃过头推举。

2. 无负重腿部和核心：MB ABC蹲。

3. 无负重柔韧性和核心：SB外滚。

4. 核心旋转：BP高至低砍削。

原因：提供肩部力量和增肌刺激。卸掉腿部和髋部负重，侧重下半身稳定性和三平面动作范围。卸掉与推力相关的肌肉负重，同时拉长和增强核心前部。侧重核心坚固度和旋转稳定性。

四重奏3

1. 传统的背部练习：哑铃俯身划船。

2. 无负重胸部和核心：BP交错站立飞鸟。

3. 无负重腿部和核心：MB弓步转身。

4. 核心旋转：SB滑雪。

原因：提供背部力量和增肌刺激。卸掉胸部负重，训练髋部前面的柔韧性和稳定性。卸掉腿部和髋部负重，侧重下半身的平衡和三平面的稳定性。

复合式混合训练的执行

复合式混合训练的组数和重复次数很容易分配。混合训练方案中的第一个练习是传统练习，接下来的是标准的重复计划，在本书大部分的分阶段模型里都有描述。例如，在增肌周期，我们重复8~15次进行复合训练里的第一个练习。在力量周期，我们重复4~6次进行复合训练里的第一个练习。在每个阶段，我们完成全部功能性练习的方式是每侧重复10~20次，或者每侧10~20秒的平衡或等长练习。增肌阶段的三重奏如下所示：

1. 传统的背部练习：下拉（8~15次）。

2. 无负重胸部和核心：BP交错站立CLA前推（左弓步和右弓步10~20次）。

3. 无负重肩部、髋部和平衡：单腿CLA侧弓步（左腿和右腿每侧10~20次）。

力量阶段的三重奏基本一样，如下所示：

1. 传统的背部练习：下拉（4~6次）。

2. 无负重胸部和核心：BP交错站立CLA前推（左弓步和右弓步10~20次）。

3. 无负重腿部、髋部和平衡：单腿CLA手臂前伸（左腿和右腿每侧10~20次）。

在爆发力和爆发力耐力阶段，我们通过每侧5次的爆发等长练习为传统的强度练习做准备。在爆发力阶段，在传统练习和爆发等长练习间休息60秒；在爆发力耐力阶段，在传统练习和爆发等长练习间不休息。全部无负重功能性练习仍然应该是每侧肢体重复10~20次或进行10~20秒的平衡或等长练习。

爆发力阶段的三重奏如下所示：

1. 传统的背部练习：下拉（5次）。

2. 60秒休息。

3. 背部爆发等长：MB过头摔砸（5次）。

4. 无负重腿部、髋部和平衡：单腿CLA手臂前伸（左腿和右腿每侧10~20次）。

爆发力耐力阶段的三重奏如下所示：

1. 传统的背部练习：下拉（5次）。

2. 不休息。

3. 背部爆发等长：MB过头摔砸（5次）。

4. 无负重腿部、髋部和平衡：单腿CLA手臂前伸（左腿和右腿每侧10~20次）。

使用IHP混合方式训练时，运动员会持续地进行活动。但是，这并不意味着运动员需要在训练中比速度。运动员可以在一个适合的节奏上进行：每次练习的时间是20~30秒，练习转换期间是15~20秒，每个练习循环之间是30~60秒。如果练习质量降低，休息阶段可以延长。另外，我们可以根据训练周期的目标调整节奏。例如，在力量阶段，运动员可能比爆发力耐力阶段需要更长的间歇性休息时间。

对于大部分人来说，IHP混合训练体系是非常优秀的。这个训练体系既能让每个人保持训练频率，又能取得最好的训练效果。三重复合式练习的设计可以使举重架周围站上四名运动员，可以保持四名运动员的状态而不是浪费时间，这四名运动员，可以其中一个深蹲，一个在旁边保护（候场、休息），一个转动弹力带（将弹力带系在举重架上），另外一个做旋转俯卧撑训练肩部稳定性。

混合训练体系是极富有弹性的，可以与我们所想到的任何一种训练方式相结合，从拉伸到速度、敏捷性以及快速训练等多种训练方式。混合训练应该是简单和容易执行的；不应该变成一个只能看而学不会的马戏节目。记住，协调、动态平衡、稳定性是会很快提高的，因为它们的增强属于神经控制方面的事件。控制和稳定性属于排序事件（神经控制类）而不是涉及增肌方面。这需要进行一些练习，但是一旦掌握了，那么每次只使用一点能量学习骑自行车。现在，让我们看看更多关于混合训练方案和混合训练附加方案的例子。

混合训练方案

混合训练方案的分周期阶段方案训练与第6章中的模型相同。现在复习与每个阶段（或周期）相关的训练量。详情参见表8.3的总结。

适应和增肌阶段

大训练量、中等强度或负重是这个周期的特点。周期长度接近4周，复合式混合训练应该设置充足，这样每个身体部分每周都要进行12~20组训练，每组传统练习都能重复8~15次。如果每侧腿每天进行三组三重奏，那么传统练习每周共计9~15组。尽管只进行9组，并不在每周12~20组这个区间范围内，但仍然是很可观的训练量。标准的目标设置范围是3个三重奏，每个三重奏训练4组（每周12组）。

力量阶段

力量训练阶段的特点是少训练量、高强度的训练。周期长度接近4周，复合式混合训练应该充分完成，这样每个身体部分每周都要进行10~12组训练，每组传统练习都能重复4~6次。在增肌阶段，如果每个胸部练习日都进行3~4组三重奏，那么传统练习每周共计9~12组。尽管只进行9组，并不在每周10~12组这个区间范围内，仍然基本等于所强调的训练量。每周可以很容易地通过3个三重奏训练进行4组而完成12组的训练量。

表8.3 分周期阶段的混合训练

周期	周期长度	每周每身体部位的组数	传统练习重复次数	功能性/无负重练习重复次数
适应和增肌	4周	12~20	8~15	10~20次或秒
力量	4周	10~12	4~6	10~20次或秒
爆发力	4周	8~12	5和5（练习间休息60秒）	10~20次或秒
爆发力耐力	4周	8~12	5和5（不休息）	10~20次或秒

爆发力阶段

爆发力阶段的特点是少训练量、高速度的训练。周期长度接近4周，复合式混合训练应该完成足够的组数，这样每个身体部分至少要进行8~12组的训练，包括重复5次力量练习，重复5次爆发力等长练习，在能力复合式练习的第一个和第二个练习间休息60秒。例如，如果我们在背部训练日执行3个三重奏练习，每个三重奏完成3~4组，每周就完成了9~12组的传统的背部力量和爆发力等长练习，正好在每周8~12组的范围内。

爆发力耐力阶段

复合式训练的爆发力耐力阶段与爆发力阶段相比，在第一个和第二个练习之间的休息时间完全不同。在爆发力耐力阶段，在传统的力量练习和爆发力等长练习之间不休息。在胸部练习日，完成3个三重奏，每个三重奏完成3~4组。这样，传统的胸部力量练习和爆发力等长练习相结合，每周共计完成9~12组。这恰好在每周8~12组的范围内。

训练方案示例

对于许多运动员来说，越来越强壮绝对是要达到的目标。混合训练方式是实现这个目标的一种有效的方式。表8.4说明了设计每月结合力量和功能混合训练方案的一般方法。这个模板展示了每个动作的类别，同一类别内的练习可以插入无数个训练

表8.4　IHP混合体系适应和增肌阶段或力量阶段的模板示例

第一天 双腿和髋部	第二天 推	第三天 拉
TS腿部练习 （双腿平行） FT无负重推举练习 FT上半身ROM/康复练习	TS推举练习（斜向） FT无负重腿部/髋部练习 FT下半身平衡/ROM练习	TS拉动练习 （下拉） FT无负重腿部/髋部练习 FT振动或康复练习
TS腿部练习（交错站立双脚交替） FT无负重拉动练习 FT转动练习 （一侧至另一侧）	TS推举练习（直线） FT无负重拉动练习 FT转动练习 （低至高）	TS拉动练习 （内拉） FT无负重推举练习 FT转动练习 （高至低）
TS腿部练习 （髋部主导） FT无负重推拉练习 FT前部核心练习	TS推举练习（下斜） FT无负重腿部/髋部拉动练习 FT背部核心练习	TS拉动练习 （上拉） FT无负重腿部/髋部推举练习 FT背部核心练习

TS：传统力量，FT：功能性训练，ROM：动作范围。

方案。请记住，这只是众多模板之一；我们的想象力是对IHP混合训练体系编排的唯一限制。

混合适应和增肌或力量周期的设置和重复次数如下：

适应和增肌周期：每个三重奏训练3~5组，重复8~15次传统练习，重复10~20次或10~20秒（等长或平衡的）功能性训练练习。

力量周期：每个三重奏训练3~4组，重复4~6次传统练习，重复10~20次或10~20秒（等长或平衡的）功能性训练练习。

将本书其他章节介绍的练习插入到表8.5展示的全面混合训练方案。如果每个三重奏都完成4组或接近4组练习，每个身体部分每周大约完成了12组。在适应和增肌阶段，第一个练习（即传统练习）应该重复8~15次，力量周期第一个练习应该重复4~6次。

力量训练练习的节奏不需要很慢。尽管我们可以使用更慢的节奏，尤其是对传统的力量训练，这里推荐的标准节奏是针对全部增肌和力量阶段的练习，每次采取重复之间1~2秒。练习之间的休息取决于练习的强度。一段15~30秒的慢走已经是足够的休息方式，足以让运动员继续保持好的状态和强度。三重奏间的休息（即三重奏的第三和第一个练习）范围可以从1分钟直至2分钟，这还取决于传统和功能性练习的训练负荷。完成3或4组三重奏之后，我们可以休息2~5分钟，以便进行下一组三重奏和以及为高度紧张的输出做好神经及心理准备。

表8.5 IHP混合体系适应和增肌或力量阶段训练示例

第一天 双腿和髋部	第二天 推	第三天 拉
肩上杠铃下蹲 BP交错站立交替前推 SB外滚	杠铃健身椅上斜推举 DB或KB交替侧弓步 单腿CLA侧弓步	下拉 DB或KB前弓步摸脚 振动杆12点钟方向振动
DB或KB弓步上斜拉（划船式） BP短距离抢动（10点钟至2点钟方向）	杠铃健身椅仰卧推举 BP交错站立CLA复合式划船 BP低至高砍削	坐姿绳索划船 T型平面支撑 BP高至低砍削
杠铃硬拉 BP推拉 SB抱膝	双臂屈伸（根据需要负重） BP交错站立（或单腿）交替划船 45度背部伸展	杠铃垂直划船 BP交错站立（或单腿）交替推举 SB反向腹背运动

对于爆发力和爆发力耐力阶段，我们可以遵循与增肌和力量阶段相同的训练方式。表8.6展示了与爆发力和爆发力耐力周期相同的模板。简单地使用模板中符合类别的练习，创建每月的爆发力或爆发力耐力训练计划。

爆发力和爆发力耐力模板的重复次数区间范围如下：

爆发力周期：3~4组三重奏，重复5次传统练习和爆发性练习，练习间休息1分钟，进行到第三次功能性训练练习的第10~20次重复之前，休息30秒。

爆发力耐力周期：3~4组三重奏，重复5次传统练习和爆发性练习，练习间不休息，进行到第三次功能性训练练习的第10~20次重复之前，休息30秒。

插入本书前面章节的一些练习，可以参见表8.7。这只是许多可以使用表8.6的三重奏模板设计的爆发力和爆发力耐力训练之一。再次重申，爆发力和爆发力耐力周期的唯一不同，是第一个（传统的）练习和第二个（爆发力等长）练习的休息阶段，运动员在爆发力周期的练习之间休息1分钟，在爆发力耐力周期的练习之间不休息。

爆发力和爆发力耐力阶段关注的重点在于动作的速度。每个三重奏的第一个练习应该负重完成，负重的重量下限是足以维持强度，上限是运动员能够在动态训练方式下移动重量。通常我们的建议是如果在爆发力阶段需要5次，那么在这个阶段运动员能够重复8次。这5次重复应该以快速和优秀的状态完成，举重的时候（控制下降），将力量练习中的负重与速度很好地结合起来。爆发性练习应该是一个简单的练习，以最大的努力输出来获得出色的速度。

在爆发力周期，第一个和第二个练习之间的休息接近1分钟，爆发力等长效果必须根据个人的最好纪录来尝试。这一点非常重要。太多的运动员完成爆发性重复练习

表8.6 IHP混合爆发力或爆发力耐力模板示例

第一天 双腿和髋部	第二天 推	第三天 拉
TS腿部练习（双腿平行） 爆发性腿部练习 FT上半身ROM/恢复练习	TS推举练习（上斜） 爆发性推举练习 FT下半身平衡/ROM练习	TS推动练习（下推） 爆发性推动练习 FT震动或康复练习
TS腿部练习（交错站立双脚交替） 爆发性腿部练习 FT旋转练习	TS推举练习（直线） 爆发性推举练习 FT转动练习	TS推动练习 （内推） 爆发性推动练习 FT旋转练习
TS腿部练习（髋部引导） 爆发性腿部练习 FT前部核心练习	TS推举练习（下斜） 爆发性推举练习 FT背部核心练习	TS推动练习 （上拉） 爆发性推动练习 FT背部核心练习

TS：传统力量，FT：功能性训练，ROM：动作范围。

表8.7 IHP混合爆发力和爆发力耐力训练示例

第一天 双腿和髋部	第二天 推	第三天 拉
肩上杠铃下蹲 纵跳 SB外滚	杠铃健身椅上斜推举 MB交错站立CLA上斜胸前投掷 单腿CLA手臂前伸	下拉 MB过头摔砸 振动杆12点钟方向振动
DB或KB弓步 交替分脚跳 BP短距离抢动（10点钟至2点钟方向）	杠铃健身椅仰卧推举 MB交错站立CLA胸前直线投掷 BP低至高砍削	BP划船 MB过头左右投掷 BP高至低砍削
杠铃硬拉 波比操（立卧撑） SB抱膝	双臂屈伸（根据需要负重） MB交错站立CLA下斜胸前投掷 45度背部伸展	杠铃垂直划船 MB反身投掷 SB反向腹背运动

时没有注意运动的强度。慢慢来，然后进行爆发力练习，每次重复之后都要休息一下身体和神经。完成全部的爆发力重复动作之后，慢慢地进展到第三个功能性练习，完成10~20次重复。休息1~2分钟，转向传统爆发力复合练习。在第一个、第二个和第三个三重奏之间休息3~5分钟。

在爆发力耐力周期，在第一个和第二个练习之间不休息。因为缺乏休息，重复动作比爆发力周期的动作更慢。但是，我们全力尝试保持每次重复的最大值。对于需要耐力的运动，我们可以在爆发力练习阶段尝试更高重复范围，这取决于运动专项训练使用的训练量。我曾经让越野跑运动员重复10~15次，取得了不错的效果。完成全部爆发力重复之后，慢慢地过渡到第三个功能性练习，重复10~20次完成。休息1~2分钟，转向传统爆发力复合练习。在第一个、第二个和第三个三重奏之间休息3~5分钟。但是，如果想为混合力量训练增加适应性因素，可以减少三重奏之间的休息阶段，以创造更快速的循环。快速地完成3~4组三重奏，中间不休息，可以挑战神经和代谢系统。现在，想象在一次训练中，在60分钟之内完成3组三重奏，包括热身和整理性练习！

小结

功能性训练不是在真空中操作的，并不排斥其他训练模式、方法或体系。IHP创建的混合训练体系将功能性训练与从瑜伽到力量举的任何其他训练体系完美地结合在一起。这种混合方法使我们能够创造超级运动员，而且改变了健身的最佳实践方法。

最后一章将所有训练方式与方法会集在一起，做了一个专门的汇总，为我们组建起针对不同运动专项的功能性训练提供了最全面的选择。让我们来享受这顿大餐吧！

第 9 章

运动专项训练方案

本章中的运动专项训练方案采用与"四大支柱"相关的功能性练习,并将其组合成最佳训练方案。许多在同一个方案中列出的练习,对于其他体育项目的运动员也非常有益。另外值得一提的是,一项运动可能具有三个或多个独特的体姿,每个姿势都有其不同的生理和运动表现特征。例如,美式橄榄球的接球手,可以具有多个足球方面的特性,而一个橄榄球进攻前锋可以具有更多的格斗特性。因此,不要担心混搭训练方案的各个部分(如三重奏训练方案、热身训练方案和核心训练方案)。

我们还可以使用第7章的"随取即用"和快速方案,并添加专项训练,以达到想在练习、热身、整理活动或课外训练中侧重的特性。例如,运动员可以一边看电视,一边在晚间广告时进行疯狂速度运动和"三重威胁"运动(第7章)。训练单元的灵活性和划分(如速度训练方案、复合混搭训练方案和新陈代谢方案),能够让运动员和教练开始进行示例训练方案,并对其量身定制使之适合特定的运动专项和运动员。

除非另有说明,以下训练方案可每周进行1~3次,视运动员的总训练量和训练经验及基础(即训练基础)而定。尤其在爆发力耐力阶段的高强度代谢训练期间,如果运动员比赛日程紧张,可能每周只训练一天。常规训练期间,每周两天的训练应为常态。如果运动员的日程许可,也可以尝试每周三天,但运动员应注意监控避免出现过度训练的症状。

高强度的场上运动，如美式橄榄球和冰球，需要快速爆发力、快速改变方向和剧烈的身体接触。跑步距离很少超过10~20码（9~18米）。在运动过程中，为了躲避障碍，往往需要在很短的时间内快速改变方向。因为需要很强的加速能力，身体后链需要被开发至一个较高水平。

所有训练之前的热身

砍削运动：2~3组×10次

单腿CLA手臂前伸：2~3组×10~20次（每侧腿）

适应阶段

按顺序完成每组三重奏训练，然后从头再来一遍。尽可能按照规定的组数完成。每次练习之间充分休息，以保持良好的状态和动作质量，最终目标是每次练习后只需30~60秒的休息时间。使用足够的负重，完成指定的重复次数，同时保持良好的状态。除非另外说明，请使用表9.1中的进阶方案。

练习

DB或KB蹲举

BP交错站立前推

BP交错站立CLA低至高划船式

BP硬拉

平面支撑

斜拉（划船式）

训练方案

如果体能水平比较高，可以从任何一周开始练习，并在该周重复尽可能多的次数，这对于打下牢固的训练基础非常必要。

表9.1　高强度间歇类运动：适应阶段三重奏

练习	第1周	第2周	第3周	第4周	页
三重奏1 1.DB或KB蹲举 2.BP交错站立前推 3.BP交错站立CLA低至高划船式	2×10	3×10	3×15	4×10~15	 90 74 82
三重奏2 1.BP硬拉 2.平面支撑（进阶至单臂平面支撑） 3.斜拉（划船式）	2×10	3×10	3×15	4×10~15	 70 57 46

核心1

三重威胁（1~5周）

滑跑：2或3组×10~20次（每侧）

力量阶段

按顺序和规定组数完成每组三重奏练习。每次练习之间充分休息，以保持良好的状态和动作质量，最终目标是每次练习后仅需30~60秒的休息时间。使用足够的负重，完成指定的重复次数，同时保持良好的状态。除非另外说明，请使用表9.2中的进阶方案。

练习

单腿下蹲

MB交叉俯卧撑

BP交错站立CLA
复合式划船

DB或KB单腿RDL

单臂离心俯卧撑

BP推拉

>（续）

训练方案

如果体能水平比较高，可以从任何一周开始练习，并在该周重复尽可能多的次数，这对于打下牢固的训练基础非常必要。

表9.2　高强度间歇类运动：力量阶段三重奏

每侧腿或手臂练习都应进行单腿或单臂练习。

练习	第1周	第2周	第3周	第4周	页
三重奏1 1.单腿下蹲 （如果必要全部增加哑铃或设备） 2.MB交叉俯卧撑 3.BP交错站立CLA复合式划船	1×6	2×6	3×4~6	4×4~6	40 115 83
三重奏2 1.DB或KB单腿RDL 2.单臂离心俯卧撑 3.BP推拉	1×6	2×6	3×4~6	4×4~6	92 59 89

核心2

三重威胁（6~10周）

滑跑：2或3组×10~20次（每侧）

爆发力和爆发力耐力阶段

按顺序和规定组数完成每组三重奏练习。针对爆发力练习，在第一个和第二个练习之间休息1分钟，然后在第二个练习回到第一个练习时休息1~2分钟。针对爆发力耐力练习，在第一个和第二个练习之间不休息，然后在第二个练习回到第一个练习时休息1分钟。使用足够的负重，完成指定的重复次数，同时保持良好的状态。除非另外说明，请使用表9.3中的进阶方案。

爆发力和爆发力耐力练习的附加热身

绳式敏捷梯垫步：2或3组

绳式敏捷梯转身跳：2或3组

练习

KB单臂摆动　　　纵跳　　　BP交错站立前推　　　扑跳俯卧撑

BP划船式	MB过头摔砸	BP短距离抢动 （10点钟至2 点钟方向）	MB旋转投掷：垂直位

训练方案

如果体能水平比较高，可以从任何一周开始练习，并在该周重复尽可能多的次数，这对于打下牢固的训练基础非常必要。

表9.3　高强度间歇运动：爆发力和爆发力耐力阶段二重奏

每侧手臂都应进行单臂摆动练习。

练习	第1周	第2周	第3周	第4周	页
二重奏1 1.KB单臂摆动 2.纵跳	2×5+5	3×5+5	3×5+5	4×5+5	 91 66
二重奏2 1.BP交错站立前推 2.扑跳俯卧撑	2×5+5	3×5+5	3×5+5	4×5+5	 74 69
二重奏3 1.BP划船式 2.MB过头摔砸	2×5+5	3×5+5	3×5+5	4×5+5	 77 120
二重奏4 1.BP短距离抢动 （10,点钟至2点钟方向） 2.MB旋转投掷：垂直位	2×5+5	3×5+5	3×5+5	4×5+5	 87 121

5+5表示针对爆发力练习，第一次和第二次练习之间休息60秒；针对爆发力耐力练习，第一次和第二次练习之间不休息。

核心3

针对爆发力：三重威胁（11~15周），滑跑（2或3组×每侧10~20次）

针对爆发力耐力：三重威胁（16~20周），滑跑（3或4组×每侧10~20次）

新陈代谢

针对爆发力：300码（274米）往返[25码（22.8米）×12]，2组，每周3次（训练与休息的比例为1∶3）

针对爆发力耐力：300码（274米）往返，3或4组，每周2或3次（训练与休息的比例为1∶2至1∶1）

球拍类运动（如网球、羽毛球、短柄墙球和壁球）有很多共同点。运动员用较低的姿势接到低球，用举过头顶的方式发球或扣球。快速短距离地改变方向，尤其是向两侧方向的改变需要在5~8秒的时间内完成。要获得较低的位置和改变方向，身体后部肌肉系统就显得尤为重要。

所有训练之前的热身

加里·格雷哑铃矩阵：2组

适应阶段

按顺序完成每组三重奏练习，然后从头再来一遍。尽可能按照规定的训练组数完成。每次练习之间充分休息，以保持良好的状态和动作质量，最终目标是每次练习后仅需30~60秒的休息时间。使用足够的负重，完成指定的重复次数，同时保持良好的状态。除非另外说明，请使用表9.4中的进阶方案。

练习

MB砍削

侧身T型平面支撑

BP复合式划船

MB ABC下蹲

BP交错站立飞鸟

BP交错站立CLA划船式

训练方案

如果体能水平比较高，可以从任何一周开始练习，并在该周重复尽可能多的次数，这对于打下牢固的训练基础非常必要。

核心1

核心激活：2组×10次

甩绳画圈（顺时针和逆时针方向）：2组×10~15秒（每个方向）

振动杆投掷：2组×10秒（每侧）

力量阶段

按顺序和规定组数完成每组三重奏练习。每次练习之间充分休息，以保持良好的状态和动作质量，最终目标是每次练习后仅需30～60秒的休息时间。使用足够的负重，完成指定的重复次数，同时保持良好的姿势。除非另外说明，请使用表9.5中的进阶方案。

练习

BP低至高砍削动作

DB单臂对角线飞转

BP交错站立CLA复合式划船

DB或KB侧弓步

T型平面支撑

DB或KB交错站立俯身单臂划船式

＞（续）

训练方案

如果体能水平比较高，可以从任何一周开始练习，并在该周重复尽可能多的次数，这对于打下牢固的训练基础非常必要。

表9.5　球拍类运动：力量阶段三重奏

DB单臂对角线飞转，以及DB或KB交错站立俯身单臂划船式动作应在每侧手臂分别进行。

练习	第1周	第2周	第3周	第4周	页
三重奏1	1×6	2×6	3×4	4×4	
1.BP低至高砍削动作					86
2.DB单臂对角线飞转					106
3.BP交错站立CLA复合式划船					83
三重奏2	1×6	2×6	3×4	4×4	
1.DB或KB侧弓步					95
2.T型平面支撑（慢）					60
3.DB或KB交错站立俯身单臂划船式					97

核心2

X型举腿：2组×10次

SB外滚：2组×10次

甩绳画圈（顺时针和逆时针方向）：2组×20秒（每个方向）

振动杆投掷：2组×15秒（每侧）

爆发力和爆发力耐力阶段

按顺序和规定组数完成每组二重奏练习。针对爆发力练习，在第一个和第二个练习之间休息1分钟，然后在第二个练习回到第一个练习时休息1~2分钟。针对爆发力耐力练习，在第一个和第二个练习之间不休息，然后在第二个练习回到第一个练习时休息1分钟。使用足够的负重，完成指定的重复次数，同时保持良好的状态。除非另外说明，请使用表9.6中的进阶方案。

附加的热身

曲棍六边形练习：2或3组

曲棍交叉旋转跳跃练习：2或3组

练习

DB或KB交替侧弓步　　滑冰者　　BP低至高砍削动作　　MB旋转投掷：垂直位

| BP高至低砍削动作 | MB过头左右摔砸动作 | BP游泳式 | MB过头摔砸 |

训练方案

如果体能水平比较高，可以从任何一周开始练习，并在该周重复尽可能多的次数，这对于打下牢固的训练基础非常必要。

表9.6　球拍类运动：爆发力和爆发力耐力阶段二重奏

练习	第1周	第2周	第3周	第4周	页
二重奏1	2×5+5	3×5+5	3或4×5+5	4×5+5	
1.DB或KB交替侧弓步					95
2.滑冰者					67
二重奏2	2×5+5	3×5+5	3或4×5+5	4×5+5	
1.BP低至高砍削动作					86
2.MB 旋转投掷：垂直位					121
二重奏3	2×5+5	3×5+5	3或4×5+5	4×5+5	
1.BP高至低砍削动作					85
2.MB过头左右投掷					121
二重奏4	2×5+5	3×5+5	3或4×5+5	4×5+5	
1.BP游泳式					84
2.MB过头摔砸					120

5+5表示针对爆发力练习，第一次和第二次练习之间休息60秒；针对爆发力耐力练习，第一次和第二次练习之间不休息。

核心3

单腿CLA手臂前伸：3组×10次（每腿）

甩绳画圈（顺时针和逆时针方向）：3组×10~15秒（每个方向）

振动杆投掷：3组×10秒（每侧）

新陈代谢

针对爆发力：三脚架练习，2或3组，每周3次（训练与休息的比例为1∶3）

针对爆发力耐力：三脚架练习，4或5组，每周2或3次（训练与休息的比例为1∶2至1∶1）

目标是在17~21秒内完成三脚架练习。

棒球、垒球和板球等运动主要包括击球、投掷和接球动作。击球需要强有力的旋转运动，将来自地面的力量转移到手臂。投掷利用核心前部肌肉产生爆发力。接球需要各方面的能力，取决于运动项目和运动员在赛场上的位置，对于一些需要进行多次重复性练习的位置，例如投手和捕手位置，需要爆发力耐力阶段的训练。

适应和力量练习阶段的热身

加里·格雷哑铃矩阵：1或2组

振动杆投掷：3组×10次（每侧）

| 适应阶段 |

按顺序完成每组三重奏练习，然后从头再来一遍。尽可能按照规定的组数完成。每次练习之间充分休息，以保持良好的状态和动作质量，最终目标是每次练习后仅需30~60秒的休息时间。使用足够的负重，完成指定的重复次数，同时保持良好的状态。除非另外说明，请使用表9.7中的进阶方案。

练习

MB砍削

BP交错站立
CLA上斜推

甩绳上下交替

MB弓步旋转

BP交错站立飞鸟

SB外滚

BP高至低砍削动作

BP短距离抡动
（10点钟至2点钟
方向）

BP低至高砍削动作

训练方案

如果体能水平比较高，可以从任何一周开始练习，并在该周重复尽可能多的次数，这对于打下牢固的训练基础非常必要。

表9.7 击球、投掷和接球类运动：适应阶段三重奏

练习	第1周	第2周	第3周	第4周	页
三重奏1	2×10	3×10	3×15	4×10~15	
1.MB砍削					110
2.BP交错站立CLA上斜推					73
3.甩绳上下交替					139
三重奏2	2×10	3×10	3×15	4×10~15	
1.MB弓步旋转					113
2.BP交错站立飞鸟					76
3.SB外滚					127
三重奏3（钢铁核心）	2×10	3×10	3×15	4×10~15	
1.BP高至低砍削动作					85
2.BP短距离抢动（10点钟至2点钟方向）					87
3.BP低至高砍削动作					86

核心1

奇趣五项：2组

振动杆投掷：2组×10秒（每侧）

甩绳画圈（顺时针和逆时针方向）：2组×10秒（顺时针和逆时针方向）

力量阶段

按顺序和规定组数完成每组三重奏练习。每次练习之间充分休息，以保持良好的状态和动作质量，最终目标是每次练习后仅需30~60秒的休息时间。使用足够的负重，完成指定的重复次数，同时保持良好的状态。除非另外说明，请使用表9.8中的进阶方案。

练习

BP低至高砍削动作　　　BP交错站立CLA前推　　　BP交错站立交替划船式　　>（续）

217

DB或KB前弓步摸脚　　　　T型平面支撑　　　　BP推拉

BP交错站立　　　　　　SB外滚　　　　　　X型上举
CLA复合式划船

训练方案

如果体能水平比较高，可以从任何一周开始练习，并在该周重复尽可能多的次数，这对于打下牢固的训练基础非常必要。

表9.8　击球、投掷、接球类运动：力量三重奏

练习	第1周	第2周	第3周	第4周	页
三重奏1	1×6	2×6	3×4	4×4	
1.BP低至高砍削动作					86
2.BP交错站立CLA前推					72
3.BP交错站立交替划船式					78
三重奏2	1×6	2×6	3×4	4×4	
1.DB或KB前弓步摸脚					94
2.T型平面支撑（慢）					60
3.BP推拉					89
三重奏3（钢铁核心）	1×6	2×6	3×4	4×4	
1.BP交错站立CLA复合式划船					83
2.SB外滚					127
3.X型上举					62

*坐起时数3个数，躺下时数3个数，降低速度使练习更难。

核心2

甩绳上下交替：2组×20次（每侧手臂）

甩绳画圈（顺时针和逆时针方向）：2组×10~20秒（每个方向）

振动杆投掷：2组×10秒（每侧）

爆发力和爆发力耐力阶段

按顺序和规定组数完成每组二重奏练习。针对爆发力练习，在第一个和第二个练习之间休息1分钟，然后在第二个练习回到第一个练习时休息1~2分钟。针对爆发力耐力练习，在第一个和第二个练习之间不休息，然后在第二个练习回到第一个练习时休息1分钟。使用足够的负重，完成指定的重复次数，同时保持良好的状态。除非另外说明，请使用表9.9中的进阶方案。

热身

钢铁核心：3组×10次

甩绳上下交替：2组×20次（每个手臂）

甩绳画圈（顺时针和逆时针方向）：2组×10~20秒（每个方向）

练习

BP交错站立CLA硬拉

交替分脚跳

BP高至低砍削动作

MB旋转投掷：垂直位

BP推拉

MB交错站立CLA
胸前直线投掷

BP交错站立
CLA高至低划船式

MB过头摔砸

>（续）

训练方案

如果体能水平比较高，可以从任何一周开始练习，并在该周重复尽可能多的次数，这对于打下牢固的训练基础非常必要。

表9.9　击球、投掷和接球类运动：爆发力和爆发力耐力二重奏

爆发力

练习	第1周	第2周	第3周	第4周	页
二重奏1 1.BP交错站立CLA硬拉 2.交替分脚跳	2×5+5	2×5+5	3×5+5	3×5+5	71 66
二重奏2 1.BP高至低砍削动作 2.MB旋转投掷：垂直位	2×5+5	2×5+5	3×5+5	3×5+5	85 121
二重奏3 1.BP推拉 2.MB交错站立CLA胸前直线投掷	2×5+5	2×5+5	3×5+5	3×5+5	89 118
二重奏4 1.BP交错站立CLA高至低划船式 2.MB过头摔砸	2×5+5	2×5+5	3×5+5	3×5+5	82 120

爆发力耐力

练习	第1周	第2周	第3周	第4周	页
二重奏1 1.BP交错站立CLA 硬拉 2.交替分脚跳	2或3×5+5	2或3×5+5	3或4×5+5	3或4×5+5	71 66
二重奏2 1.BP高至低砍削动作 2.MB旋转投掷：垂直位	2或3×5+5	2或3×5+5	3或4×5+5	3或4×5+5	85 121
二重奏3 1.BP推拉 2.MB交错站立CLA胸前直线投掷	2或3×5+5	2或3×5+5	3或4×5+5	3或4×5+5	89 118
二重奏4 1.BP交错站立CLA高至低划船式 2.MB过头摔砸	2或3×5+5	2或3×5+5	3或4×5+5	3或4×5+5	82 120

5+5表示针对爆发力练习，第一次和第二次练习之间休息60秒；针对爆发力耐力练习，第一次和第二次练习之间不休息。

核心3

SB外滚：3组×10次

单腿CLA手臂前伸：3组×10次（每侧腿）

振动杆投掷：2组×10秒（每侧）

需要高强爆发力和持久力跑步类运动项目，例如田径和耐力跑，很少被组合在一起。然而，所有的跑步都是冲刺的变体。前脚掌的作用在长跑中（如1英里赛跑、5千米赛跑、马拉松）的增加证实了这个认识。原来在长距离比赛中，我们使用脚跟到脚趾（全脚）跑步，现在则是用前脚掌赛跑和完成冲刺。因此，此方法能增加身体的移动体系的爆发力输出，让运动员获得适应其专业比赛与距离的爆发力。

适应和力量阶段训练的热身

奇趣五项：2组

原地高抬腿：2组×10~20次

滑跑：2组×10次（每侧）

适应阶段

按顺序完成每组四重奏练习，然后从头再来一遍。尽可能按照规定的训练组数完成。每次练习之间充分休息，以保持良好的状态和动作质量，最终目标是每次练习后仅需30~60秒的休息时间。使用足够的负重，完成指定的重复次数，同时保持良好的状态。除非另外说明，请使用表9.10中的进阶方案。

练习

单腿CLA手臂前伸

DB或KB交叉过头推举

SB双手扶球俯卧撑

45度小腿蹬伸

单腿下蹲

BP推拉

斜拉（划船式）

45度扶墙跑

>（续）

训练方案

如果体能水平比较高，可以从任何一周开始练习，并在该周重复尽可能多的次数，这对于打下牢固的训练基础非常必要。

表9.10　跑步类运动：适应阶段四重奏

每侧腿都应该做单腿CLA手臂前伸和单腿下蹲。

练习	第1周	第2周	第3周	第4周	页
四重奏1	2×10	3×10	3×15	4×10~15	
1.单腿CLA手臂前伸					39
2.DB或KB交叉过头推举					100
3.SB手扶球全部俯卧撑					125
4.45度小腿蹬伸（15秒）					63
四重奏2	2×10	3×10	3×15	4×10~15	
1.单腿下蹲					40
2.BP推拉					89
3.斜拉（划船式）					46
4.45度扶墙跑（15秒）					64

核心1

三重威胁（1~5周）

屈臂：2或3组×10~20次（每侧手臂）

力量阶段

按顺序和规定组数完成每组三重奏练习。每次练习之间充分休息，以保持良好的状态和动作质量，最终目标是每次练习后仅需30~60秒的休息时间。使用足够的负重，完成指定的重复次数，同时保持良好的状态。除非另外说明，请使用表9.11中的进阶方案。

附加的热身

45度小腿蹬伸：2组×30秒

45度扶墙跑：2组×30秒

练习

DB或KB单腿RDL　　BP交错站立　　MB短对角线
　　　　　　　　　CLA下斜拉　　　　砍削

BP交错站立 CLA复合式划船	DB水平飞转	BP交错站立交替 划船式

训练方案

如果体能水平比较高，可以从任何一周开始练习，并在该周重复尽可能多的次数，这对于打下牢固的训练基础非常必要。

表9.11　跑步类运动：力量阶段三重奏

每侧腿都应进行DB或KB单腿RDL练习。

练习	第1周	第2周	第3周	第4周	页
三重奏1	2×6	3×6	3×4	4×4	
1.DB或KB单腿RDL					92
2.BP交错站立CLA下斜拉					74
3.MB短对角线砍削					112
三重奏2	2×6	3×6	3×4	4×4	
1.BP交错站立CLA复合式划船					83
2.DB水平飞转					105
3.BP交错站立交替划船式					78

核心2

三重威胁（6~10周）

屈臂：2或3组×10~20次（每侧手臂）

甩绳上下交替：2或3组×10~20次（每侧手臂）

爆发力和爆发力耐力阶段

按顺序完成每组四重奏练习，然后从头再来一遍。尽可能按照规定的组数完成。针对爆发力练习，在每个练习之间休息1分钟，然后在第二个和第一个练习之间休息1~2分钟。针对爆发力耐力练习，在第一个练习之间不休息，然后在第二个练习之间休息0~30秒。使用足够的负重，完成指定的重复次数，同时保持良好的姿势。除非另外说明，请使用表9.12中的进阶方案。

热身

45度小腿蹬伸：2或3组×45~60秒

45度扶墙跑：2或3组×45~60秒

>（续）

原地高抬腿：2组×10~20次

滑跑：2组×10次（每侧）

练习

| 自重双腿下蹲 | 自重交替弓步 | 交替分脚跳 | 纵跳 |

自重俯卧撑　　BP交错站立交替前推　　BP交错站立飞鸟　　扑跳俯卧撑

BP划船式　　BP交错站立俯身交替划船式　　BP游泳式　　MB过头摔砸

训练方案

如果体能水平比较高，可以从任何一周开始练习，并在该周重复尽可能多的次数，这对于打下牢固的训练基础非常必要。

表9.12　跑步类运动：爆发力和爆发力耐力阶段复合运动

爆发力*

练习	第1周	第2周	第3周	第4周	页
Meta复合运动1（JC屈腿训练）	2组	2组	3组	3组	
自重双腿蹲	24	24	24	24	42
自重交替弓步	每腿12次	每腿12次	每腿12次	每腿12次	43
交替分脚跳	每腿12次	每腿12次	每腿12次	每腿12次	66
纵跳	12	12	12	12	66
Meta复合运动2（JC Meta胸部训练1.0版）	2组	2组	3组	3组	
自重俯卧撑	20	20	20	20	44
BP交错站立交替前推	每腿20次	每腿20次	每腿20次	每腿20次	75
BP交错站立飞鸟	每侧10次	每侧10次	每侧10次	每侧10次	76
扑跳俯卧撑	10	10	10	10	69
Meta复合运动3（JC Meta背部训练）	2组	2组	3组	3组	
BP划船式	20	20	20	20	77
BP交错站立俯身交替划船式	每侧手臂和腿20次	每侧手臂和腿20次	每侧手臂和腿20次	每侧手臂和腿20次	79
BP游泳式	20	20	20	20	84
MB过头摔砸	10	10	10	10	120

爆发力耐力**

练习	第1周	第2周	第3周	第4周	页
Meta复合运动1（JC屈腿训练）	2组	2组	3组	3组	
自重双腿蹲	24	24	24	24	42
自重交替弓步	每腿12次	每腿12次	每腿12次	每腿12次	43
交替分脚跳	每腿12次	每腿12次	每腿12次	每腿12次	66
纵跳	12	12	12	12	66
Meta复合运动2（JC Meta胸部训练1.0版）	1~2组	1~2组	2组	2组	
自重俯卧撑	20	20	20	20	44
BP交错站立交替前推	每腿20次	每腿20次	每腿20次	每腿20次	75
BP交错站立飞鸟	每侧10次	每侧10次	每侧10次	每侧10次	76
扑跳俯卧撑	10	10	10	10	69
Meta复合运动3（JC Meta背部训练）	1~2组	1~2组	3组	3组	
BP划船式	20	20	20	20	77
BP交错站立俯身交替划船式	每侧手臂和腿20次	每侧手臂和腿20次	每侧手臂和腿20次	每侧手臂和腿20次	79
BP游泳式	20	20	20	20	84
MB过头摔砸	10	10	10	10	120

*在爆发力练习阶段，每个练习间休息30~60秒，每轮练习间休息1~2分钟。每次重复都保持注意力高度集中。
**在爆发力耐力练习阶段，每个练习间不休息。在第1和第2周，每轮练习休息1分钟。在第3周，每轮练习休息30秒。在第4周，每轮练习或每组练习之间尝试不休息。

核心补充

三重威胁（11~15周）针对爆发力

三重威胁（16~20周）针对爆发力耐力

屈臂：2或3组×10~20次（每侧手臂）

甩绳上下交替：2或3组×10~20次（每侧手臂）

搏击类运动，例如综合格斗（MMA）、柔道、摔跤、跆拳道，需要爆发力和爆发力耐力。搏击需要长时间的等长收缩，也需要短的、爆发性的肌肉动作。不管是擒拿还是击打技术，通过核心的强大的旋转力量都是可以针对性提高的关键点。

所有训练前的热身

加里·格雷哑铃矩阵：2或3组，哑铃（体重的5%~10%）

适应阶段

按顺序完成每组四重奏练习，然后从头再来一遍。每次练习之间充分休息，以保持良好的状态和动作质量，最终目标是每次练习后仅需30~60秒的休息时间。使用足够的负重，完成指定的重复次数，同时保持良好的状态。除非另外说明，请使用表9.13中的进阶方案。

练习

KB单臂摆动   T型平面支撑   斜拉（划船式）   BP短距离抢动（10点钟至2点钟方向）

BP硬拉   BP交错站立俯身交替划船式   MB交叉俯卧撑   MB短对角线砍削

训练方案

如果体能水平比较高，可以从任何一周开始练习，并在该周重复尽可能多的次数，这对于打下牢固的训练基础非常必要。

表9.13　搏击类运动：适应阶段四重奏

每侧手臂都应进行KB单臂摆动练习。

练习	第1周	第2周	第3周	第4周	页
四重奏1	2×10	3×10	3×15	4×10~15	
1.KB单臂摆动					91
2.T型俯卧撑					60
3.斜拉（划船式）					46
4.BP短距离抢动（10点钟至2点钟方向）					87
四重奏2	2×10	3×10	3×15	4×10~15	
1.BP硬拉					70
2.BP交错站立俯身交替划船式					79
3.MB交叉俯卧撑					115
4.MB短对角线砍削					112

核心1

DB或KB托举：2或3组×30秒

甩绳上下交替：2组×20次（每侧手臂）

甩绳画圈（顺时针和逆时针方向）：2组×10~20秒（每个方向）

力量阶段

按顺序完成每组四重奏练习，然后从头再来一次。每次练习之间充分休息，以保持良好的状态和动作质量，最终目标是每次练习后仅需30~60秒的休息时间。使用足够的负重，完成指定的重复次数，同时保持良好的状态。除非另外说明，请使用表9.14中的进阶方案。

练习

BP复合式划船

MB单臂俯卧撑

BP弓步
CLA高至低划船式

BP高至低砍削动作

>（续）

| BP交错站立CLA硬拉 | 单臂离心俯卧撑 | BP交错站立俯身交替划船式 |

SB滑雪

训练方案

如果体能水平比较高，可以从任何一周开始练习，并在该周重复尽可能多的次数，这对于打下牢固的训练基础非常必要。

表9.14 搏击类运动：力量阶段四重奏

每侧手臂都应进行MB单臂交替俯卧撑和单臂俯卧撑练习。

练习	第1周	第2周	第3周	第4周	页
四重奏1 1.BP复合式划船 2.MB单臂俯卧撑 3.BP交错站立CLA 高至低划船式 4.BP高至低砍削动作	1×6	2×6	3×4	4×4	80 114 82 85
四重奏2 1.BP交错站立CLA硬拉 2.单臂离心俯卧撑 3.BP交错站立俯身交替划船式 4.SB滑雪	1×6	2×6	3×4	4×4	71 59 79 132

核心2

DB或KB托举：4组×30秒

甩绳上下交替：3组×20次（每侧手臂）

甩绳画圈（顺时针和逆时针方向）：3组×10~20秒（每个方向）

按顺序完成每组二重奏练习，然后从头再来一遍。在第一个和第二个练习之间休息1分钟，然后在第二练习回到第一个练习时休息1~2分钟。使用足够的负重，完成指定的重复次数，同时保持良好的状态。除非另外说明，请使用表9.15中的进阶方案。

练习

BP复合式划船

波比操
（立卧撑）

DB或KB前弓步摸脚

交替分脚跳

MB交叉俯卧撑

MB交错站立CLA下斜胸前投掷

BP交错站立前推

扑跳俯卧撑

BP推拉

MB旋转投掷：垂直位

DB或KB托举

MB反身投掷

>（续）

训练方案

如果体能水平比较高，可以从任何一周开始练习，并在该周重复尽可能多的次数，这对于打下牢固的训练基础非常必要。

表9.15　搏击类运动：爆发力阶段二重奏

练习	第1周	第2周	第3周	第4周	页
二重奏1 1.BP复合式划船 2.波比操（立卧撑）	2×5+5	2×5+5	3×5+5	3×5+5	80 68
二重奏2 1.DB或KB前弓步摸脚 2.交替分脚跳	2×5+5	2×5+5	3×5+5	3×5+5	94 66
二重奏3 1.MB交叉俯卧撑 2.MB交错站立CLA下斜胸前投掷	2×5+5	2×5+5	3×5+5	3×5+5	115 119
二重奏4 1.BP交错站立前推 2.扑跳俯卧撑	2×5+5	2×5+5	3×5+5	3×5+5	74 69
二重奏5 1.BP推拉 2.MB旋转投掷：垂直位	2×5+5	2×5+5	3×5+5	3×5+5	89 121
二重奏6 1.DB或KB托举 2.MB反身投掷	2×5+5	2×5+5	3×5+5	3×5+5	107 122

爆发力和爆发力耐力阶段

如果你每周进行三次训练，可以进行爆发力训练方案与爆发力耐力训练方案的组合练习，这取决于运动训练的总量。以下是一个实例：

星期一：爆发力训练；

星期三：爆发力耐力训练；

星期五：爆发力训练或以相反的顺序进行训练。

针对爆发力耐力练习，按顺序进行全部的12个练习，将其作为一组，在练习间不休息。在第一周，每组练习之间休息3分钟。在第二周，每组练习之间休息2分钟。在第三或第四周，每组练习之间休息1分钟。使用足够的负重，完成指定的重复次数，同时保持良好的状态。除非另外说明，请使用表9.16中的进阶方案。

练习

BP复合式划船

波比操
（立卧撑）

DB或KB前弓步摸脚

交替分腿跳

MB交叉俯卧撑

MB交错站立CLA下斜胸前投掷

BP交错站立前推

扑跳俯卧撑

BP推拉

BP交错站立交替前推

DB或KB托举

MB反身投掷

>（续）

训练方案

如果体能水平比较高,可以从任何一周开始练习,并在该周重复尽可能多的次数,这对于打下牢固的训练基础非常必要。在前面提到的4周的训练方案里,尝试尽可能多的重复,尽力达到如下的目标:

1.BP复合式划船:每25秒重复25次;

2.波比操(立卧撑):每25秒重复10~15次;

3.DB或KB前弓步摸脚:每25秒每侧腿重复8~12次;

4.交替分腿跳:每25秒每侧腿重复12次;

5.MB双手交替扶球俯卧撑:每25秒每侧重复8~10次;

6.MB交错站立CLA下斜胸前投掷:每25秒每侧重复6~9次;

7.BP交错站立前推:每25秒每侧腿重复15~20次;

8.扑跳俯卧撑:每25秒重复15~25次;

9.BP推拉:每25秒每侧腿重复12~15次;

10.BP交错站立交替前推:每25秒每侧腿重复25次;

11.DB或KB托举:25秒内按照体重的10%~15%进行;

12.MB反身投掷:每25秒重复10~15次。

表9.16　搏击类运动::爆发力耐力阶段复合运动

练习	第1周	第2周	第3周	第4周	页
爆发力耐力超级组	2×15秒	2×20秒	3×20秒	3×25秒	
1.BP复合式划船					80
2.波比操(立卧撑)					68
3.DB或KB前弓步摸脚					94
4.交替分腿跳					66
5.MB交叉俯卧撑					115
6.MB交错站立CLA下斜胸前投掷					119
7.BP交错站立前推					74
8.扑跳俯卧撑					69
9.BP推拉					89
10.BP交错站立交替前推					75
11.DB或KB托举					107
12.MB反身投掷					122
每组训练之间的休息	3分钟	2分钟	1分钟	1分钟	

新陈代谢

对于新陈代谢训练,每周做3~5个循环就足够了。如果需要更多,增加300码(274米)往返[25码(22.8米)×12]跑,或在完成全部循环后增加其他有氧间歇训练。为搏击运动员指定更多新陈代谢训练时,训练和拳击的总量都必须被计算在内。

长距离场地类运动，例如足球、曲棍球、手球、克朗球（Kronum），将步行、慢跑、短距离爆发性冲刺、跳跃和快速变向相结合。根据运动和位置的不同，总跑行距离可以超过3~7公里（5~11千米）。虽然在一场比赛中的总距离很长，短距离的直线冲刺很少超过15~20码（14~18米）。身体接触的程度范围可以从轻微到强烈，但都是偶发的、短暂的。

所有训练之前的热身

钢铁核心：3组×10次

单腿CLA手臂前伸：3组×10~20次（每侧腿）

单腿轮流下蹲：3组×10次（每侧腿）

适应阶段

按顺序完成每组三重奏练习，然后从头再来一次。尽可能按照规定的组数完成。每次练习之间充分休息，以保持良好的状态和动作质量，每次运动后最好有30~60秒的休息时间。使用足够的负重，完成指定的重复次数，同时保持良好的状态。除非另外说明，请使用表9.17中的进阶方案。

练习

DB或KB侧弓步

平面支撑

BP交错站立
CLA低至高划船式

DB或KB旋转侧弓步

侧身T型平面支撑

斜拉
（划船式）

> （续）

三重威胁　　　　　SB单腿靠墙侧步　　　　　X型上举

训练方案

如果体能水平比较高，可以从任何一周开始练习，并在该周重复尽可能多的次数，这对于打下牢固的训练基础非常必要。

表9.17　长距离场地类运动：适应阶段三重奏

练习	第1周	第2周	第3周	第4周	页
三重奏1					
1.DB或KB侧弓步	2×10	3×10	3×15	4×10~15	95
2.平面支撑（双臂进阶至单臂）	10~30秒	10~30秒	10~30秒	10~30秒	57
3.BP交错站立CLA低至高划船式	2×10	3×10	3×15	4×10~15	82
三重奏2					
1.DB或KB旋转侧弓步	2×10	3×10	3×15	4×10~15	96
2.侧身T型平面支撑	10~30秒	10~30秒	10~30秒	10~30秒	58
3.斜拉（划船式式）	2×10	3×10	3×15	4×10~15	46
三重奏3（重心）					
1.三重胁（1~5周）	2×10	3×10	3×15	4×10~15	185
2.SB单腿靠墙侧步	3×每条腿10次	3×每条腿10次	3×每条腿10次	3×每条腿10次	124
3.X型上举	3×每条腿10次	3×每条腿10次	3×每条腿10次	3×每条腿10次	62

力量阶段

按顺序和规定组数完成每组三重奏练习，每次练习之间充分休息，以保持良好的姿势和运动质量，每次运动后最好有30~60秒的休息时间。使用足够的负重，完成指定的重复次数，同时保持良好的姿势。除非另外说明，请使用表9.18中的进阶方案。

附加的热身

JC屈腿训练：1~2组

单腿轮流下蹲：2组×10次（每侧腿）

练习

DB或KB单腿RDL

BP交错站立
CLA前推

BP交错站立
CLA复合式划船

BP交错站立CLA硬拉

MB单臂俯卧撑

DB或KB交错站立俯身
单臂划船式

三重威胁

SB单腿靠墙侧步

X型上举

训练方案

如果体能水平比较高，可以从任何一周开始练习，并在该周重复尽可能多的次数，这对于打下牢固的训练基础非常必要。

>（续）

表9.18 长距离场地类运动：力量阶段三重奏

每侧腿或手臂都应进行DB或KB单腿RDL、MB单臂俯卧撑，以及DB或KB交错站立俯身单臂划船式训练。

练习	第1周	第2周	第3周	第4周	页
三重奏1 1.DB或KB单腿RDL 2.BP交错站立 CLA前推 3.BP交错站立 CLA复合式划船	2×6	2×6	3~4×4	3~4×4	92 72 83
三重奏2 1.BP交错站立CLA硬拉 2.MB单臂俯卧撑 3.DB或KB交错站立俯身单臂划船式	2×6	2×6	3~4×4	3~4×4	71 114 97
三重奏3（核心） 1.三重威胁（1~5周） 2.SB单腿靠墙侧步 3.X型上举	2×6 3×每侧腿 10~15次 3×每侧腿 10次	2×6 3×每侧腿 10~15次 3×每侧腿 10次	3~4×4 3×每侧腿 10~15次 3×每侧腿 10次	3~4×4 3×每侧腿 10~15次 3×每侧腿 10次	185 124 62

爆发力阶段

按顺序和规定组数完成每组二重奏练习。针对能力练习，在第一个和第二个练习之间休息1分钟，然后在第二个练习回到第一个练习时休息1~2分钟。使用足够的负重，完成指定的重复次数，同时保持良好的状态。除非另外说明，请使用表9.19中的进阶方案。

附加的热身

JC屈腿训练：1或2组

低栏跑：8~10个低栏，3或4组

低栏斜跳：8~10个低栏，3或4组

练习

DB或KB前弓步摸脚　　交替分腿跳　　MB交替俯卧撑　　扑跳俯卧撑

BP交错站立 CLA复合式划船	MB过头 摔砸	X型上举	MB过头左右摔砸

训练方案

如果体能水平比较高，可以从任何一周开始练习，并在该周重复尽可能多的次数，这对于打下牢固的训练基础非常必要。

表9.19　长距离场地类运动：爆发力阶段二重奏

练习	第1周	第2周	第3周	第4周	页
二重奏1	2或3×5+5	2或3×5+5	3或4×5+5	3或4×5+5	
1.DB或KB前弓步摸脚					94
2.交替分腿跳					66
二重奏2	2或3×5+5	2或3×5+5	3或4×5+5	3或4×5+5	
1.MB交替俯卧撑					115
2.扑跳俯卧撑					69
二重奏3	2或3×5+5	2或3×5+5	3或4×5+5	3或4×5+5	
1.BP交错站立 CLA复合式划船					83
2.MB过头摔砸					120
二重奏4	2或3×5+5	2或3×5+5	3或4×5+5	3或4×5+5	
1.X型上举					62
2.MB过头左右摔砸					121

新陈代谢

300码（274米）往返[25码（22.8米）×12]：2或3组，每周3次（训练与休息的比例为1∶2至1∶3）

核心

三重威胁（11~15周）

单腿CLA手臂前伸：2组×10~20次（每侧）

单腿轮流下蹲：2组×10次（每侧）

>（续）

爆发力耐力阶段

按顺序和规定组数完成每组二重奏练习。在第一个和第二个练习之间不休息。在第二个练习回到第一个练习时休息1分钟。使用足够的负重，完成指定的重复次数，同时保持良好的状态。除非另外说明，请使用表9.20中的进阶方案。

附加的热身

低栏斜跳：3~4组

低栏跑：3~4组

练习

JC屈腿　　　敏捷梯开合跳　　敏捷梯侧向旋转跳

加里·格雷哑铃矩阵　　JC Meta胸部训练　　JC Meta背部训练

训练方案

如果体能水平比较高,可以从任何一周开始练习,并在该周重复尽可能多的次数,这对于打下牢固的训练基础非常必要。在第一天,进行表9.19中的力量二重奏训练。在第二天,进行表9.20中的爆发力耐力复合训练。

表9.20　长距离场地类运动:爆发力耐力复合运动(第2天)

练习	第1周	第2周	第3周	第4周	页
Meta复合运动1 JC屈腿训练 敏捷梯开合跳(10秒)至敏捷梯侧向旋转跳(10秒)	2组	2组	3组	3组	187 134 135
Meta复合运动2 加里·格雷哑铃矩阵:哑铃重量为体重的7%~10%。目标是在1分45秒之内完成	2组	2组	3组	3组	190
Meta复合运动3 JC Meta胸部训练方案	2组	2组	3组	3组	189
Meta复合运动4 JC Meta背部训练方案	2组	2组	3组	3组	188
训练:休息	1:2~1:3	1:2~1:3	1:1~1:2	1:1~1:2	

新陈代谢

300码(274米)往返[25码(22.8米)×12]:3或4组,每周2次,(练习与休息的比例为1:2至1:1)

核心

三重威胁(16~20周)

单腿CLA手臂前伸:2组×10~20次(每侧)

单腿轮流下蹲:2组×10次(每侧)

　　排球与短网拍墙球运动类似，短网拍墙球侧重于较低的身体位置，而棒球侧重于投掷。运动员使用较低的身体位置进行救球，用投掷动作发球或扣球。许多救球和发球需要从地上爬起来，类似于摔跤运动和足球中可见到的动作。快速和短距离的方向变化，特别是横向的变化，需要5~8秒的全力冲刺，紧随其后的是肌肉20~30秒的轻度到中等强度的紧张。由于需要完成较低的身体位置和方向的变化，身体后链的肌肉系统就显得尤为重要。

所有训练之前的热身

加里·格雷哑铃矩阵：2组

适应阶段

　　按顺序完成每组三重奏练习，然后从头再来一遍。尽可能按照规定的训练组数完成。每次练习之间充分休息，以保持良好的状态和动作质量，最终目标是每次练习后仅需30~60秒的休息时间。使用足够的负重，完成指定的重复次数，同时保持良好的状态。除非另外说明，请使用表9.21中的进度。

练习

MB ABC下蹲

T型俯卧撑

BP划船式

DB或KB前弓步摸脚

BP弓步交替前推

斜拉
（划船式）

BP低至高砍削动作

SB外滚

X型上举

训练方案

如果体能水平比较高，可以从任何一周开始练习，并在该周重复尽可能多的次数，这对于打下牢固的训练基础非常必要。

表9.21　排球：适应阶段三重奏

练习	第1周	第2周	第3周	第4周	页
三重奏1	2×10	3×10	3×15	4×10~15	
1.MB ABC下蹲					112
2.T型俯卧撑					60
3.BP划船式					77
三重奏2	2×10	3×10	3×15	4×10~15	
1.DB或KB前弓步摸脚					94
2.BP交错站立交替前推					75
3.斜拉（划船式式）					46
三重奏3	2×10	3×10	3×15	4×10~15	
1.BP低至高砍削动作					86
2.SB外滚					127
3.X型上举					62

[力量阶段]

按顺序和规定组数完成每组三重奏练习。每次练习之间充分休息，以保持良好的状态和动作质量，最终目标是每次练习后仅需30~60秒的休息时间。使用足够的负重，完成指定的重复次数，同时保持良好的状态。除非另外说明，请使用表9.22中的进阶方案。

热身

加里·格雷哑铃矩阵：1组

SB外滚：2组×10次

X型上举：2组×10次（每侧）

练习

DB或KB蹲举　　DB或KB交叉过头推举　　BP游泳式　　DB或KB侧弓步　　BP交错站立CLA前推　　>（续）

| 斜拉（划船式） | BP交错站立CLA复合式划船 | T型俯卧撑 | BP高至低砍削动作 |

训练方案

如果体能水平比较高，可以从任何一周开始练习，并在该周重复尽可能多的次数，这对于打下牢固的训练基础非常必要。

表9.22　排球：力量阶段三重奏

练习	第1周	第2周	第3周	第4周	页
三重奏1	2×6	2×6	3×6	3×6	
1.DB或KB蹲举					90
2.DB或KB交叉过头推举					100
3.BP游泳式					84
三重奏2	2×6	2×6	3×6	3×6	
1.DB或KB侧弓步					95
2.BP交错站立CLA前推					72
3.斜拉（划船式）					46
三重奏3	2×6	2×6	3×6	3×6	
1.BP交错站立CLA复合式划船					83
2.T型俯卧撑					60
3.BP高至低砍削动作					85

爆发力和爆发力耐力阶段

按照参考顺序完成每组二重奏练习。针对爆发力练习，在第一个和第二个练习之间休息1分钟，然后在第二个练习回到第一个练习时休息1~2分钟。针对爆发力耐力练习，在第一个和第二个练习之间不休息，然后在第二个练习回到第一个练习时休息1分钟。使用足够的负重，完成指定的重复次数，同时保持良好的状态。除非另外说明，请使用表9.23中的进阶方案。

热身

加里·格雷哑铃矩阵：1组

SB外滚：2组×10次

X型上举：2组×10次（每侧）

练习

BP硬拉

纵跳

KB单臂摆动

波比操
（立卧撑）

DB或KB
侧弓步

滑冰者

BP低至高砍削动作

MB反身投掷

BP短距离抢动
（10点钟至2点钟
方向）

MB旋转投掷：垂直位

> （续）

训练方案

如果体能水平比较高，可以从任何一周开始练习，并在该周重复尽可能多的次数，这对于打下牢固的训练基础非常必要。

表9.23　排球：爆发力和爆发力耐力阶段二重奏

每侧手臂都应进行KB单臂摆动练习。

练习	第1周	第2周	第3周	第4周	页
二重奏1 1.BP硬拉 2.纵跳	2×5+5	2×5+5	3×5+5	3×5+5	70 65
二重奏2 1.KB单臂摆动 2.波比操（立卧撑）	2×5+5	2×5+5	3×5+5	3×5+5	91 68
二重奏3 1.DB或KB侧弓步 2.滑冰者	2×5+5	2×5+5	3×5+5	3×5+5	95 67
二重奏4 1.BP低至高砍削动作 2.MB反身投掷	2×5+5	2×5+5	3×5+5	3×5+5	86 122
二重奏5 1.BP短距离抡动 （10点钟至2点钟方向） 2.MB旋转投掷：垂直位	2×5+5	2×5+5	3×5+5	3×5+5	87 121

5+5表示针对爆发力练习，第一次和第二次练习之间休息60秒；针对爆发力耐力练习，第一次和第二次练习之间不休息。

新陈代谢

如果在爆发力耐力训练阶段需要做更多的有氧或新陈代谢训练，可以在训练结束阶段增加有氧练习，例如300码（274米）往返跑[25码（22.8米）×12]。指定更多的新陈代谢训练时，各种练习量都必须被计算在内。

高尔夫是世界上最流行的休闲运动之一。高尔夫需要高水平的技能、精确的定位能力、旋转稳定性以及爆发力和爆发力耐力。虽然爆发力耐力并不经常被视为高尔夫的关键属性，我们还是提供了一个爆发力耐力训练项目，用于解决长时间运动所带来的疲劳，尤其是在温度较高的环境中打高尔夫时。棒球中的核心稳定性和旋转能力也都可以在高尔夫中加以衡量。两腿的稳定性和髋部的转动性都是至关重要的。

适应阶段和力量阶段的热身

加里·格雷哑铃矩阵：1或2组

BP律动性后摆：2组×10次（每侧）

BP高至低砍削动作：2组×10次（每侧）

BP短距离抢动（10点钟至2点钟方向）：2组×10次（每侧）

适应阶段

按顺序完成每组三重奏练习，然后从头再来一遍。尽可能按照规定的训练组数完成。每次练习之间充分休息，以保持良好的状态和动作质量，最终目标是每次练习后仅需30~60秒的休息时间。使用足够的负重，完成指定的重复次数，同时保持良好的状态。除非另外说明，请使用表9.24中的进阶方案。

练习

MB ABC下蹲

BP交错站立
CLA高至低划船式

SB滚木

MB弓步旋转

BP交错站立
交替前推

DB或KB交叉
过头推举

>（续）

训练方案

如果体能水平比较高，可以从任何一周开始练习，并在该周重复尽可能多的次数，这对于打下牢固的训练基础非常必要。

表9.24　高尔夫：适应阶段三重奏

练习	第1周	第2周	第3周	第4周	页
三重奏1 1.MB ABC下蹲 2.BP交错站立CLA 高至低划船式 3.SB滚木	2 × 10	3 × 10	3 × 15	4 × 10~15	112 82 131
三重奏2 1.MB弓步旋转 2.BP交错站立交替前推 3.DB或KB交叉过头推举	2 × 10	3 × 10	3 × 15	4 × 10~15	113 75 100

核心1

奇趣五项：2组

力量阶段

按顺序和规定组数完成每组三重奏练习。每次练习之间充分休息，以保持良好的状态和动作质量，最终目标是每次练习后仅需30~60秒的休息时间。使用足够的负重，完成指定的重复次数，同时保持良好的状态。除非另外说明，请使用表9.25中的进阶方案。

练习

BP硬拉

BP交错站立CLA下斜拉

BP推拉

DB或KB侧弓步

T型俯卧撑

BP高至低砍削动作

训练方案

如果体能水平比较高，可以从任何一周开始练习，并在该周重复尽可能多的次数，这对于打下牢固的训练基础非常必要。

表9.25 高尔夫：力量阶段三重奏

练习	第1周	第2周	第3周	第4周	页
三重奏1	1×6	2×6	3×4	4×4	
1.BP硬拉					70
2.BP交错站立CLA下斜拉					74
3.BP推拉					89
三重奏2	1×6	2×6	3×4	4×4	
1.DB或KB侧弓步					95
2.T型俯卧撑					60
3.BP高至低砍削动作					85

核心2

奇趣五项：2组

爆发力和爆发力耐力阶段

按照参考顺序完成每组二重奏练习。针对爆发力练习，在第一个和第二个练习之间休息1分钟，然后在第二个练习回到第一个练习时休息1~2分钟。针对爆发力耐力练习，在第一个和第二个练习之间不休息，然后在第二个练习回到第一个练习时休息1分钟。使用足够的负重，完成指定的重复次数，同时保持良好的状态。除非另外说明，请使用表9.26中的进阶方案。

热身

砍削：2组

加里·格雷哑铃矩阵：2组

练习

BP低至高砍削动作

滑冰者

BP交错站立CLA
下斜拉

MB交错站立CLA上斜
胸前投掷

MB过头左右摔砸

BP交错站立
CLA高至低划船式

MB过头摔砸

BP短距离抢动
（10点钟至2点钟
方向）

MB旋转投掷：垂直位

DB或KB
侧弓步

BP交错站立
CLA下斜拉

MB交错站立CLA下斜
胸前投掷

训练方案

如果体能水平比较高，可以从任何一周开始练习，并在该周重复尽可能多的次数，这对于打下牢固的训练基础非常必要。

表9.26　高尔夫：爆发力和爆发力耐力二重奏

爆发力

练习	第1周	第2周	第3周	第4周	页
二重奏1 1.BP低至高砍削动作 2.滑冰者	2×5+5	2×5+5	3×5+5	3×5+5	86 67
二重奏2 1.BP交错站立 CLA下斜拉 2.MB交错站立CLA下斜胸前 投掷	2×5+5	2×5+5	3×5+5	3×5+5	73 117
二重奏3 1.BP交错站立CLA高至低划 船式 2.MB过头摔砸	2×5+5	2×5+5	3×5+5	3×5+5	82 120
二重奏4 1.BP短距离抢动 （10点钟至2点钟方向） 2.MB旋转投掷：垂直位	2×5+5	2×5+5	3×5+5	3×5+5	87 121

爆发力耐力

练习	第1周	第2周	第3周	第4周	页
二重奏1 1.DB或KB侧弓步 2.滑冰者	2或3×5+5	2或3×5+5	3或4×5+5	3或4×5+5	95 67
二重奏2 1.BP交错站立CLA下斜拉 2.MB交错站立CLA下斜胸前 投掷	2或3×5+5	2或3×5+5	3或4×5+5	3或4×5+5	74 119
二重奏3 1.BP交错站立 CLA高至低划船式 2.MB过头左右摔砸	2或3×5+5	2或3×5+5	3或4×5+5	3或4×5+5	82 121
二重奏4 1.BP短距离抢动 （10点钟至2点钟方向） 2.MB旋转投掷：垂直位	2或3×5+5	2或3×5+5	3或4×5+5	3或4×5+5	87 121

5+5表示针对爆发力练习，第一次和第二次练习之间休息60秒；针对爆发力耐力练习，第一次和第二次练习之间不休息。

核心

BP律动性后摆：2组×10次（每侧）

SB滚木：2组×10次（每侧）

振动杆12点钟方向振动：2组×20秒

滑板类运动，例如冲浪和滑板的独特之处在于运动员需要使用水或地面的反作用力。上半身的动作可以使下半身控制地面和水面的作用力角度。与滑板相互作用需要强壮的双腿和稳固的核心。上半身与下半身的连接也需要强壮的双腿和稳固的核心。上半身通过改变手臂的重心方向和转动肩膀来控制移动，引导力量向下传导至滑板。整个上半身和下半身移动的桥梁就是核心。

所有训练之前的热身

砍削：1或2组

加里·格雷哑铃矩阵：1或2组

适应阶段

按照指示完成每组三重奏练习，然后从头再来一遍。尽可能按照规定的训练组数完成。每次练习之间充分休息，以保持良好的状态和动作质量，最终目标是每次练习后仅需30~60秒的休息时间。使用足够的负重，完成指定的重复次数，同时保持良好的状态。除非另外说明，请使用表9.27中的进阶方案。

练习

DB或KB蹲举

DB单臂对角线飞转

SB滑雪

MB ABC下蹲

DB水平飞转

SB滚木

BP高至低砍削动作

BP短距离抢动（10点钟至2点钟方向）

BP低至高砍削动作

训练方案

如果体能水平比较高，可以从任何一周开始练习，并在该周重复尽可能多的次数，这对于打下牢固的训练基础非常必要。

表9.27　滑板类运动：适应阶段三重奏

每侧手臂都应进行DB单臂对角线飞转练习。

练习	第1周	第2周	第3周	第4周	页
三重奏1 1.DB或KB蹲举 2.DB单臂对角线飞转 3.SB滑雪	2×10	2×15	3×15	4×10~15	90 106 132
三重奏2 1.MB ABC下蹲 2.DB水平飞转 3.SB滚木	2×10	2×15	3×15	4×10~15	112 105 131
三重奏3（钢铁核心） 1.BP高至低砍削动作 2.BP短距离抢动（10点钟 至2点钟方向） 3.BP高至低砍削动作	2×10	2×15	3×15	4×10~15	85 87 86

核心

奇趣五项：2组

力量阶段

按顺序和规定组数完成每组三重奏练习。每次练习之间充分休息，以保持良好的状态和动作质量，最终目标是每次练习后仅需30～60秒的休息时间。使用足够的负重，完成指定的重复次数，同时保持良好的状态。除非另外说明，请使用表9.28中的进阶方案。

练习

KB单臂摆动

BP交错站立俯身交替划船式

MB对角线砍削

> （续）

DB或KB蹲举

BP交错站立
CLA低至高划船式

SB双手扶球俯卧撑

BP低至高砍削动作

BP推拉

T型俯卧撑

训练方案

如果体能水平比较高，可以从任何一周开始练习，并在该周重复尽可能多的次数，这对于打下牢固的训练基础非常必要。

表9.28　滑板类运动：力量阶段三重奏

每侧手臂都应进行KB单臂摆动练习。

练习	第1周	第2周	第3周	第4周	页
三重奏1 1.KB单臂摆动 2.BP交错站立俯身交替划船式 3.MB对角线砍削动作	2×6	2×6	3×4~6	3×4~6	91 79 111
三重奏2 1.DB或KB蹲举 2.BP交错站立CLA低至高划船式 3.SB双手扶球俯卧撑（慢）	2×6	2×6	3×4~6	3×4~6	90 82 125
三重奏3（钢铁核心） 1.BP低至高砍削 2.BP推拉 3.T型俯卧撑（慢）	2×6	2×6	3×4~6	3×4~6	86 89 60

爆发力和爆发力耐力阶段

按照参考顺序完成每组二重奏练习。针对爆发力练习，在第一个和第二个练习之间休息1分钟，然后在第二个练习回到第一个练习时休息1~2分钟。针对爆发力耐力练习，在第一个和第二个练习之间不休息，然后在第二个练习回到第一个练习时休息1分钟。使用足够的负重，完成指定的重复次数，同时保持良好的状态。除非另外说明，请使用表9.29中的进阶方案。

附加的热身

钢铁核心：2或3组×10~15次

练习

BP硬拉

波比操
（立卧撑）

BP短距离抢动
（10点钟至2点钟
方向）

曲棍交叉旋转
跳跃练习

BP交错站立CLA前推

MB交错站立CLA
垂直胸前投掷

BP低至高砍削动作

敏捷梯侧向旋
转跳

训练方案

如果体能水平比较高，可以从任何一周开始练习，并在该周重复尽可能多的次数，这对于打下牢固的训练基础非常必要。

>（续）

253

表9.29　滑板类运动：爆发力和爆发力耐力二重奏

爆发力

练习	第1周	第2周	第3周	第4周	页
二重奏1 1.BP硬拉 2.波比操（立卧撑）	2×5+5	2×5+5	3×5+5	3×5+5	70 68
二重奏2 1.BP短距离抢动 （10点钟至2点钟方向） 2.曲棍交叉旋转跳跃练习	2×5+5	2×5+5	3×5+5	3×5+5	87 138
二重奏3 1.BP交错站立CLA前推 2.MB交错站立 CLA胸前垂直线投掷	2×5+5	2×5+5	3×5+5	3×5+5	72 118
二重奏4 1.BP低至高砍削动作 2.敏捷梯侧向旋转跳	2×5+5	2×5+5	3×5+5	3×5+5	86 135

爆发力耐力

练习	第1周	第2周	第3周	第4周	页
二重奏1 1.BP硬拉 2.波比操（立卧撑）	2或3×5+5	2或3×5+5	3或4×5+5	3或4×5+5	70 68
二重奏2 1.BP短距离抢动 （10点钟至2点钟方向） 2.曲棍交叉旋转跳跃练习	2或3×5+5	2或3×5+5	3或4×5+5	3或4×5+5	87 138
二重奏3 1.BP交错站立CLA前推 2.MB交错站立 CLA胸前直线投掷	2或3×5+5	2或3×5+5	3或4×5+5	3或4×5+5	72 118
二重奏4 1.BP低至高砍削动作 2.敏捷梯侧向旋转跳	2或3×5+5	2或3×5+5	3或4×5+5	3或4×5+5	86 135

5+5表示针对爆发力练习，第一次和第二次练习之间休息60秒；针对爆发力耐力练习，第一次和第二次练习之间不休息。

核心

奇趣五项：2组

新陈代谢

　　如果在爆发力耐力训练阶段需要更多的有氧或新陈代谢训练，可以在训练结束阶段增加有氧练习，例如300码（274米）往返跑[25码（22.8米）×12]。指定更多的新陈代谢训练时，所有训练练习量必须被计算在内。

　　爆发力阶段：JC屈腿训练，2组，训练与休息的比例为1∶2

　　爆发力耐力阶段：JC屈腿训练，3或4组，训练与休息的比例为1∶1

游泳要求上肢有持久的拉力，同时保持身体在水中的流畅性水平位置。其独特之处在于，人在水中时不涉及地面的反作用力。手臂和腿部是主要的推进系统，同时连接在脊柱上拉动人前进。这意味着核心是所有动作的连接，背部和腿将生成核心唯一的支持力量。出于这个原因，本章的游泳训练方案对核心训练关注得最多。

适应和力量阶段的热身

砍削：2或3组

适应阶段

完成每组四重奏练习，然后从头再来一遍。尽可能按照规定的训练组数完成。每次练习之间充分休息，以保持良好的状态和动作质量，最终目标是每次练习后仅需30~60秒的休息时间。使用足够的负重，完成指定的重复次数，同时保持良好的状态。除非另外说明，请使用表9.30中的进阶方案。

练习

MB砍削

DB或KB交叉过头推举

BP游泳式

平面支撑

MB弓步旋转

BP交错站立交替前推

斜拉
（划船式）

SB腹背运动

>（续）

训练方案

如果体能水平比较高，可以从任何一周开始练习，并在该周重复尽可能多的次数，这对于打下牢固的训练基础非常必要。

表9.30 游泳：适应阶段四重奏

练习	第1周	第2周	第3周	第4周	页
四重奏1	2×10	3×10	3×15	4×10~15	
1.MB砍削					110
2.DB或KB交叉过头推举					100
3.BP游泳式					84
4.平面支撑					57
四重奏2	2×10	3×10	3×15	4×10~15	
1.MB弓步旋转					113
2.BP交错站立交替推举					75
3.斜拉（划船式）					46
4.SB腹背运动					130

核心

三重威胁（5~10周）：1或2组

力量阶段

完成每组四重奏练习。每次练习之间充分休息，以保持良好的状态和动作质量，最终目标是每次练习后仅需30～60秒的休息时间。使用足够的负重，完成指定的重复次数，同时保持良好的状态。除非另外说明，请使用表9.31中的进阶方案。

附加的热身

钢铁核心：2组

练习

KB单臂摆动   BP推拉   BP交错站立CLA划船式   SB反向腹背运动

BP硬拉　　　　DB单臂对角线　　SB双手扶球俯卧撑　　　SB外滚
　　　　　　　　飞转

训练方案

如果体能水平比较高，可以从任何一周开始练习，并在该周重复尽可能多的次数，这对于打下牢固的训练基础非常必要。

表9.31　游泳：力量阶段四重奏

每侧手臂都应做KB单臂摆动和DB单臂对角线飞转练习。

练习	第1周	第2周	第3周	第4周	页
四重奏1	1×6	2×6	3×4	4×4	
1.KB单臂摆动					91
2.BP推拉					89
3.BP交错站立CLA划船式					81
4.SB反向腹背运动					131
四重奏2	1×6	2×6	3×4	4×4	
1.BP硬拉					70
2.DB单臂对角线飞转					106
3.SB双手扶球俯卧撑（慢）					125
4.SB外滚					127

核心

三重威胁（11~15周）：3组

爆发力和爆发力耐力阶段

按照参考顺序完成每组二重奏练习。针对爆发力练习，在第一个和第二个练习之间休息1分钟，然后在第二个练习回到第一个练习时休息1~2分钟。针对爆发力耐力练习，在第一个和第二个练习之间不休息，然后在第二个练习回到第一个练习时休息1分钟。使用足够的负重，完成指定的重复次数，同时保持良好的状态。除非另外说明，请使用表9.32中的进阶方案。

附加的热身

加里·格雷哑铃矩阵：2组

练习

DB或KB蹲举　　波比操　　BP游泳式　　MB过头摔砸
（立卧撑）

KB单臂摆动　　MB反身投掷　　BP交错站立俯身交替划船式　　MB过头左右摔砸

训练方案

如果体能水平比较高，可以从任何一周开始练习，并在该周重复尽可能多的次数，这对于打下牢固的训练基础非常必要。

表9.32　游泳：爆发力和爆发力耐力阶段二重奏

每侧手臂都应进行KB单臂摆动练习。

练习	第1周	第2周	第3周	第4周	页
二重奏1 1.DB或KB蹲举 2.波比操（立卧撑）	2×5+5	2×5+5	3×5+5	3×5+5	90 68
二重奏2 1.BP游泳式 2.MB过头摔砸	2×5+5	2×5+5	3×5+5	3×5+5	84 120
二重奏3 1.KB单臂摆动 2.MB反身投掷	2×5+5	2×5+5	3×5+5	3×5+5	91 122
二重奏4 1.BP交错站立俯身交替划船式 2.MB过头左右摔砸	2×5+5	2×5+5	3×5+5	3×5+5	79 121

5+5表示针对爆发力练习，第一次和第二次练习之间休息60秒；针对爆发力耐力练习，第一次和第二次练习之间不休息。

核心

三重威胁（15~20周）：1或2组

SB腹背运动至SB反向腹背运动：2组×10次

新陈代谢

如果在爆发力耐力训练阶段需要做更多的有氧或新陈代谢训练，可以在训练结束阶段增加有氧练习，例如300码（274米）往返跑[25码（22.8米）×12]。指定更多的新陈代谢训练时，所有训练的练习量必须被计算在内。

可选的新陈代谢训练

JC Meta背部训练：2或3组

JC屈腿训练：2或3组

滑冰者相关类运动，例如冰球、单排轮滑等，都需要巨大的髋部和腿部旋转力量。根据不同的运动项目，上半身可以在加速度期间操纵球棒或吸收冲击力时平衡下半身。不管如何使用上半身，都要把核心放在上半身与下半身的中心点上，上半身与下半身通过这个核心点进行协调和同步。核心需要在转身和保持身体姿势不变时，用最理想的方式来传递力。

所有训练之前的热身

砍削：2或3组×10次

适应阶段

按顺序完成每组三重奏练习，然后从头再来一遍。尽可能按照规定的训练组数完成。每次练习之间充分休息，以保持良好的状态和动作质量，最终目标是每次练习后仅需30～60秒的休息时间。使用足够的负重，完成指定的重复次数，同时保持良好的状态。除非另外说明，请使用表9.33中的进阶方案。

练习

DB或KB侧弓步　　BP交错站立CLA划船式　　DB或KB直立划船式　　DB或KB旋转侧弓步　　侧身T型平面支撑

SB滑雪　　SB单腿靠墙侧步　　BP推拉　　DB或KB交叉上勾

训练方案

如果体能水平比较高，可以从任何一周开始练习，并在该周重复尽可能多的次数，这对于打下牢固的训练基础非常必要。

表9.33　滑冰者相关类运动：适应阶段三重奏

每侧腿都应进行SB单腿墙侧滑动练习。

练习	第1周	第2周	第3周	第4周	页
三重奏1 1.DB或KB侧弓步 2.BP交错站立CLA划船式 3.DB或KB直立划船式 （交替）	2×10	2×15	3×10~15	3或4×10~15	95 81 103
三重奏2 1.DB或KB旋转侧弓步 2.侧身T型平面支撑（双臂进阶至单臂） 3.SB滑雪	2×10 10~30秒 2×10	2×15 10~30秒 2×15	3×10~15 10~30秒 3×10~15	3或4×10~15 10~30秒 3或4×10~15	96 58 132
三重奏3（核心） 1.SB单腿墙侧滑动 2.BP推拉 3.DB或KB交叉上勾	2×10	2×15	3×10~15	3或4×10~15	124 89 104

肌肉供血小练习

侧滑：2或3组×每侧10~20次

力量阶段

按照参考顺序完成每组三重奏练习。每次练习之间充分休息，以保持良好的状态和动作质量，最终目标是每次练习后仅需30~60秒的休息时间。使用足够的负重，完成指定的重复次数，同时保持良好的状态。除非另外说明，请使用表9.34中的进阶方案。

附加的热身

加里·格雷哑铃矩阵：1或2组（训练与休息的比例为1：2）

SB单腿墙侧滑动：2或3组×10次（每侧腿）

＞（续）

练习

BP低至高砍削动作

BP交错站立CLA上斜推

SB滚木

DB或KB单腿RDL

DB单臂对角线飞转

SB反向腹背运动

侧滑（系弹力带）

BP交错站立交替
划船式

BP短距离抡动
（10点钟至2点钟
方向）

训练方案

如果体能水平比较高，可以从任何一周开始练习，并在该周重复尽可能多的次数，这对于打下牢固的训练基础非常必要。

表9.34　滑冰者相关类运动：力量阶段三重奏

每侧身体都应进行DB或KB单腿RDL以及DB单臂对角线飞转练习。

练习	第1周	第2周	第3周	第4周	页
三重奏1	2×6	2×6	3或4×4	3或4×4	
1.BP低至高砍削动作					86
2.BP交错站立CLA上斜推					73
3.SB滚木					131
三重奏2	2×6	2×6	3或4×4	3或4×4	
1.DB或KB单腿RDL					92
2.DB单臂对角线飞转					106
3.SB反向腹背运动					131
三重奏3（重心）	2×6	2×6	3或4×4	3或4×4	
1.侧滑（系弹力带）					140
2.BP交错站立交替划船式					78
3.BP短距离抢动					87
（10点钟至2点钟方向）					

训练后肌肉供血小练习

JC屈腿训练：1组

滑冰者：2或3组，每侧10~20次

爆发力和爆发力耐力阶段

按照参考顺序完成每组二重奏练习。针对爆发力练习，在第一个和第二个练习之间休息1分钟，然后在第二个练习回到第一个练习时休息1~2分钟。针对爆发力耐力练习，在第一个和第二个练习之间不休息，然后在第二个练习回到第一个练习时休息1分钟。使用足够的负重，完成指定的重复次数，同时保持良好的状态。除非另外说明，请使用表9.35中的进阶方案。

练习

| DB或KB侧弓步 | 滑冰者 | KB单臂摆动 | 纵跳 | 负重上台阶 |

>（续）

| 交替分腿跳 | BP交错站立交替前推 | MB交错站立CLA胸前直线投掷 | BP短距离抢动（10点钟至2点钟方向） |

| 侧滑（系弹力带） | 侧滑 | MB旋转投掷：垂直位 |

训练方案

如果体能水平比较高，可以从任何一周开始练习，并在该周重复尽可能多的次数，这对于打下牢固的训练基础非常必要。

表9.35　滑冰者相关类运动：爆发力和爆发力耐力阶段二重奏

每侧手臂都应进行KB单臂摆动练习。

	爆发力				
练习	第1周	第2周	第3周	第4周	页
二重奏1 1.DB或KB侧弓步 2.滑冰者	2×5+5	2×5+5	3×5+5	3×5+5	95 67
二重奏2 1.KB单臂摆动 2.纵跳	2×5+5	2×5+5	3×5+5	3×5+5	91 66
二重奏3 1.负重上台阶（哑铃） 2.交替分腿跳	2×5+5	2×5+5	3×5+5	3×5+5	55 66
二重奏4 1.BP交错站立交替前推 2.MB交错站立CLA 胸前直线投掷	2×5+5	2×5+5	3×5+5	3×5+5	75 118

练习	第1周	第2周	第3周	第4周	页
二重奏5 1.BP短距离抢动 （10点钟至2点钟方向） 2.MB旋转投掷：垂直位	2×5+5	2×5+5	3×5+5	3×5+5	87 121
爆发力耐力					
二重奏1 1.DB或KB侧弓步 2.滑冰者	2×5+10	2×5+10	3×5+10	3×5+10	95 67
二重奏2 1.KB单臂摆动 2.纵跳	2×5+10	2×5+10	3×5+10	3×5+10	91 66
二重奏3 1.负重上台阶（哑铃） 2.交替分腿跳	2×5+10	2×5+10	3×5+10	3×5+10	55 66
二重奏4 1.侧滑 （系弹力带） 2.侧滑	2×5+10	2×5+10	3×5+10	3×5+10	140 140
二重奏5 1.BP短距离抢动 （10点钟至2点钟方向） 2.MB旋转投掷：垂直位	2×5+10	2×5+10	3×5+10	3×5+10	87 121

5+5表示针对爆发力练习，第一次和第二次练习之间休息60秒；针对爆发力耐力练习，第一次和第二次练习之间不休息。

训练后肌肉超级供血小练习

进行2或3组，中间不休息：JC屈腿训练

侧滑：每侧10~20组

新陈代谢

如果在爆发力训练阶段需要做更多的有氧或新陈代谢训练，可以在训练结束阶段增加有氧练习，例如300码（274米）往返跑[25码（22.8米）×12]。若要指定更多的新陈代谢训练，所有训练的练习量必须被计算在内。

小结

在世界各地的健身房里，功能性训练的效果不断被人们证实。与此同时，大学实验室里的研究人员也正试图解释其成功背后的机制。本书中的功能性训练体系可以帮助教练或运动员提高运动成绩，同时将传统力量训练中容易出现的过度使用身体的问题最小化。使用功能性训练法不仅能够积极地训练身体，而且不会使身体超负荷和过度疲劳。此外，如果我们遵循功能性训练概念的基本特征，就可以为任何运动提供最佳的训练。

许多其他训练形式和理念也都经受住了时间的考验。出于这个原因，提高人类表现最好的办法是采取择优选择的训练视角。IHP混合训练体系是一个系统的、综合的方法体系，用简单省时的方式进行最佳的体能训练。

相信本书开启了一扇提高运动表现的大门。衷心希望书中呈现的内容能够推动提高运动表现的训练过程，创造出更强壮和更健康的运动员，并引领未来研究的新趋势。

胡安·卡洛斯（JC）·桑塔纳，Med（运动科学硕士），CSCS，IHP（人体运动表现研究所）创始人和总监。IHP位于佛罗里达州Boca Raton，被认为是世界顶级的训练营和美国最佳的核心训练场所。

桑塔纳在过去二十年中参与了佛罗里达大西洋大学多支运动队的体能训练指导，负责过包括男子篮球、男子和女子越野、田径、女排、男子和女子游泳等项目的体能训练。JC是NSCA的杰出认证专家和会员，同时也是ACSM的健康指导专家，美国举重协会的高级认证教练和课程指导专家，美国田径协会的水平一教练。

桑塔纳目前是NSCA指导委员会成员，并且在NSCA期刊担任了十年的运动专项体能训练编辑，曾担任过NSCA副主席，NSCA教练委员会主席，NSCA大会委员，NSCA佛罗里达州指导员。作为一个大学教授，他主要在佛罗里达大西洋大学教授格斗类项目的体能训练，运动训练体系和力量训练课程。

他毕业于佛罗里达大西洋大学，前后取得运动科学的本科和硕士学位，并且是2012年该校运动科学系第一个杰出校友奖获得者，此外，他在多所学校还承担研究项目。

成立于2001年，IHP训练营为诸多精英运动员提供了无与伦比的训练环境，包括多个项目的奥林匹克运动员，NFL、NHL和MLB大联盟运动员，巴西柔术世界冠军和综合格斗冠军，多支NCAA的运动队，以及数百名各个领域的排名居美国国内前列的青少年运动员。

要了解更多关于IHP的运动员训练、产品、继续教育和功能性训练认证方案等信息，请访问IHP相关网站。有关功能性训练器材的更多信息，请访问IHP合作伙伴Perform Better的网站。